U0057610

文經社

文經社

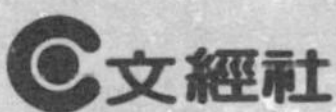

文經社

文經文庫 167

築夢大地

朱魯青 著

COSMAX
PUBLISHING Co.
Since 1981

文經社的徽記是
「播種者」。
播種者的精神是：
流淚播種的，
必歡呼收割。
我們以此自惕，
也和讀者共勉。

引言──再一次「歸零」

朱魯青

我，朱魯青，是一位從業已三十年的資深景觀設計師。平時我最喜歡的衣著，是穿著純棉襯衫和剪裁合宜的牛仔褲，輕車簡從地到不同的工地去勘景，這樣的感覺，讓我彷彿化身為美國西部牛仔，每當面對一塊荒地時，自然就會有拓荒者的心情出現，我總會下意識地，在心中勾勒著建造的藍圖。

當我面對自己的人生，我的未來，我也是同樣期待著，一步一履的，能夠繁花似錦。

熟識我的人，叫我朱老師，因為我在中學教過美工設計，當過輔導室的老師。工地裡的伙伴們則親切的和我稱兄道弟，喊我小朱、老朱的。因為在擔任多年的教師之後，為了堅持自己的理想，我放棄穩定優渥的專任教職，只當兼任的老師，而到建築公司往下紮根，就從跑腿的小弟做起，學習各項的實務經驗。

這一次勇於「歸零」的過程，使我實現了夢想的一部分。直到獨當一面，我擁有了屬於自己的景觀設計公司。

當年意氣風發的我，精心所設計繪製的藍圖，一個個的建造成屬於我的景觀王國，我還真以為自己是天之驕子，可以呼風喚雨了。但我不禁停下腳步靜心思索，就在人生最風光的一九九六年尾時，我冷靜地審視自己，目前為止所擁有的一切，這些虛名利祿，是我真心想要的嗎？

現在回想起來，一九九六年對我而言，正值事業最顛峰，是我幸運的年代，也是從事景觀設計一路走來，最豐饒的收成年。我所設計的「物華天寶」獲得中國大陸溫州地標景觀雕塑國際比賽第一名。同年又獲得第一屆中華十大風雲人物獎。中興文藝獎章，（首次頒給雕塑類）。還獲得全國十大景觀設計金鼎獎、好人好事代表獎、白手創業成就獎、傑出華人成就獎。各項肯定紛至沓來之際，教學的耕耘我也不曾荒廢，我在嶺東技術學

院擔任系主任的商業設計系，也獲得教育評鑑特優。

就在這些榮耀的光輝閃爍不停時，我毅然的就在五十歲生日時，決定將時間的轉輪往回撥動，讓我的人生再一次「歸零」，重新回味學生時代單純的生活……

矗立在中國大陸浙江省溫洲市的巨型金屬景觀雕塑——「物華天寶」，高48公尺。獲中國大陸溫洲地標景觀雕塑國際比賽第一名。

目次

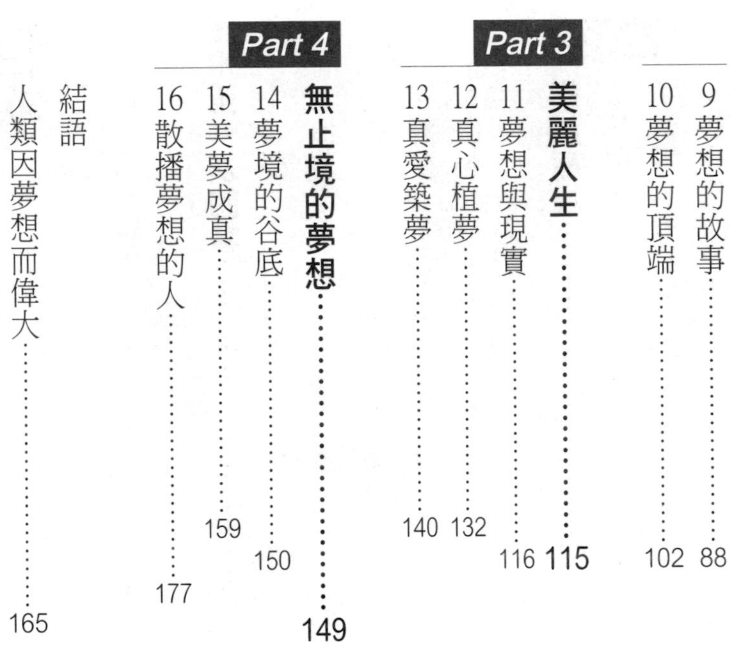

PART 1 第一次歸零

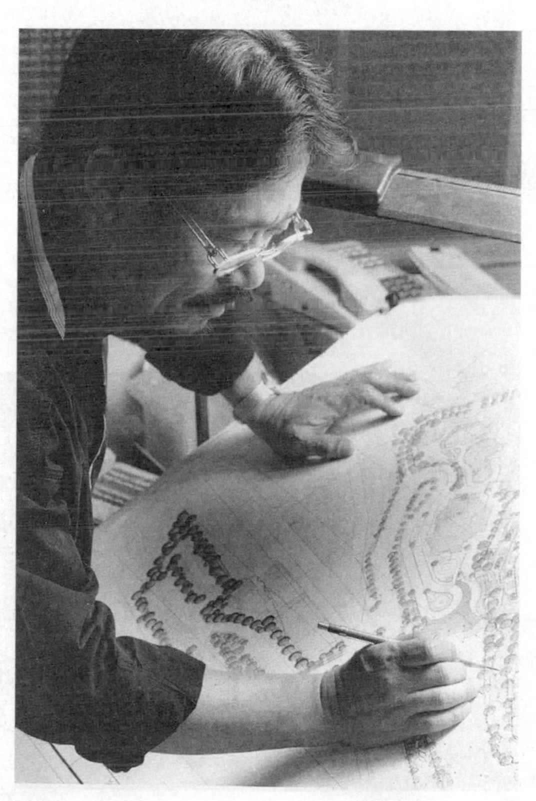

築夢大地

50歲前往澳洲國立臥龍崗大學重做學生，是一段很愉快的回憶。

1 尋夢

「如果我今天拿到博士學位，我明天就離開澳洲回臺灣去。我要回到自己生長的地方，為我的國家，我的家園做事。」我斬釘截鐵的說。

當時我選擇由求學開始起步，恰好和我原是舊識的老友，澳洲臥龍崗大學的藝術院所的副院長彼得，慎重的邀請我前往澳洲研讀。學校方面了解我所設計的作品有許多得獎的紀錄，建議我修藝術史或藝術評論，走學術研究的路線；但我心中卻早已打定主意，我想學的並不是這些。

我仔細思考，既然我熱愛景觀設計師的工作，在這一行的領域裡，我已實際鑽研經營三十多年，實在不需要再去研究這些理論，我也不想當藝評家或學者。我想自己對雕塑藝術一向拿手，而且幾乎是無師自通，不如將景觀設計專才和雕塑藝術結合在一起，創造成出類拔萃的景觀藝術作品。

我告訴院長，如果他肯讓我研究景觀雕塑，我才考慮到澳洲。這項要求使得臥龍崗大學十分為難，一來學校並無此科系，二來必須再尋覓合適的老師來指導我才行。學校為了我這頑固的學生非份的請求，特別聘請澳洲國寶級雕塑大師伯特先生（Bert Flugelman）來擔任我的指導教授。我深知學校對我這已五十歲的「老學生」，已是格外禮遇了。但就在我和老師見面的當天，學校當局事先已告知我，要攻讀博士，仍需通過脾氣固執、性情古怪的伯特先生的口試。當然我也略有心理準備，不過心中還是微微不安，聽說伯特先生已七十幾歲了，他在澳洲的藝術地位相當於英國的亨利摩爾，非常受到澳洲政府的重視。

兩人一見面，伯特先生即把姿態擺得很高，他毫不客氣地對我說：「我已看過你的作品和個人簡介，學校雖然很想請你來做景觀雕塑的博士學生（research），但是我還未同意，你得先通過我這關才行，現在你不必稱呼我老師，因為我可還沒答應要教你。」

我一聽，也不訝異伯特先生會有這樣的反應，這就是所謂藝術家的性格，固執有其獨特性，怎能輕易的轉移呢。這下子遇上了狂傲的藝術家了，我只得謙恭的點點頭說：「我知道。」

伯特先生接著說：「以你的資歷，你在自己的國家是很優秀的景觀設計師，在大學院校裡教書，也當到系主任了，你何必又要來做學生呢？」

我心平氣和的回答他：「我想轉換空間思考，找出我的靈魂想要什麼？」

聽到我慎重的回答，伯特先生終於認真的問我，到底想和他學些什麼？「我不想學你的東西，我只想和你Talking，和你腦力激盪。」我輕鬆的說。

伯特先生得到這樣的答覆，他有點錯愕，瞪大了眼，炯炯的盯著我。對他更殘忍的打擊還在後頭，我索性再告訴他，雖然伯特先生的作品極受澳洲政府的肯定，但我根本不喜歡他的不銹鋼幾何式作品；而且我堅決的表示自己不會學他任何一個技巧或造型，我只是想和他互動，但我還是會做我「自己」。

伯特先生說，既然我對自己如此的「自信」，他問我所追求的理念是什麼？因為我有很多作品，他實在無法體會。

我抓住機會，侃侃而談地述說我的藝術觀點。

「我的作品想表達的就是『無極』——無限的感覺、「陰陽」調和、虛與實的互動，尤其我想找尋『虛』的力量（精神力量）究竟在哪裡？我認為外國的藝術作品是追求形而下的美感，而中國的藝術作品則是追求形而上的感動經驗。簡單的說，我的作品是追求看不見的精神，而你們的作品是追求看得見的物質。例如伯特先生的作品，讓我感覺很冰冷，大多是幾何圖形及不銹鋼材質所構成，這是所謂的解構主義、後現代主義，往往卻只表現了凹凸的造型而已。」

七十幾歲的伯特先生，聽到我這後生小輩在他面前大放厥詞，痛批他的藝術成就，早已氣得吹鬍子瞪眼了！他不斷地向我解釋，他的作品已表現出中國太極所云之虛實及陰陽，我卻仍然不認同他的說法，一再和他爭

辯。我的話，冷酷無情的一針刺入他的心裡，這時我倆僵持不下的氣氛，連院長也急著來打圓場了。

眼見我的咄咄氣勢，伯特先生居然使出最後的殺手戩，冷冷地說：「你是不是想留在澳洲？你拿了博士後，有何打算呢？」

「如果我今天拿到博士學位，我明天就離開澳洲回臺灣去。我要回到自己生長的地方，為我的國家，我的家園做事。」我斬釘截鐵的說。

這時猶太籍的伯特先生像是突然清醒過來似的，往桌子上奮力一拍，我著實嚇了一跳，我以為他就要破口大罵了。沒想到伯特先生竟然說：「我喜歡你！」

然後他開始向我敘述自己的成長故事，他說自己是猶太人，早已國破家亡，所以他對具有愛國愛家園情操的人十分感佩。伯特先生說許多中國留學生，總是千方百計地討好老師，而我卻不同以往，所以他要我不如就當他的朋友，別當他的學生了。

局勢頓時丕變，看到伯特先生敞開胸懷，接受我這異地而來的朋友，師生相稱在我與伯特先生之間，我知道只是個符號罷了。也因我勇於挑戰伯特先生的專業素養，使得他對我這臺灣來的景觀設計師另眼相看，於是我們就此展開了師生的互動生涯。

我很清楚這回我拋下臺灣光采的一切，遠赴澳洲來攻讀景觀雕塑博士，我想獲得的究竟是什麼。

因為，我是那麼期盼，做一位與眾不同的景觀藝術家。

早年，「景觀設計」這個名詞，在臺灣可說是前所未有。美國的景觀設計，中文翻譯叫「大地設計師」。日本的景觀設計，中文翻譯叫「風景設計師」。而臺灣卻一直稱呼景觀設計為「造園」或「園藝」，在我心中景觀設計的定位，格局還不僅於此。真正的景觀設計，必須涵蓋這個地區的週邊環境，人文、藝術、交通、氣候、植物、地勢、土壤、保育、經營、維護……等諸多考量。

在澳洲師事伯特先生，我在雕塑技巧上雖不曾受到影響，但在思想上絕對有一定的啟發。以往我的雕塑作品與其他藝術家的作品一樣，都只有

銅雕作品「無限」，是我前往澳洲進修後的作品，希望創造出前後左右上下任意角度都是正面的意象，將中國的禪意表現在作品上。

銅雕作品「圓融」，是我澳洲回來後的作品，表現出陰陽虛實的變化無窮，與環境互動多元包容的感覺。

前面與後面（正面與背面）的表現，自從由澳洲回來後，我的作品每個角度都是正面，上下左右前後，每個面的造型都不同。每一面都表達著一個感覺、一個思想，欣賞我的作品可謂「移步換景」、變化無窮，這是我作品上第一個突破。

第二個突破是此行的進修，使我懂得思考雕塑和環境的包容性。我思索著為什麼有些藝術家的雕刻作品難以和環境互動，總被塑造成藝術品高高在上的錯覺，我希望我的作品能真實的融入生活，每個人都能碰觸撫摸它。如果我的作品能散發那種多元化的感覺，就能讓觀看的人，都找尋到心中純美的部分，那麼，我也得到了我想要的「圓融」精神。

不過，此時的我即使已有足夠的能力錦衣玉食，但我仍鍾情自己那幾件褪色的棉布衣服與牛仔褲，隨遇而安的吃著路邊攤或鐵路便當；反而是這樣清淡的生活態度，使我甘之如飴。

2 追夢

相對於澳洲攻讀博士的順遂，翻開我在國立藝專讀美工科，這一頁滄桑的求學史，就好比站在天堂的雲端，俯瞰人間的疾苦一般。

雖然在一九六五時，我是以第一志願考入藝專，因為以我當時的成績，大可就讀其他大學之法律、國貿、企管等系。但僅僅一分之差，居然與可享公費的國立師大美術系失之交臂，這對家境清貧的我而言簡直是晴天霹靂。最後我還是堅持自己熱愛繪畫的理想，不顧師長及家人的反對，也終於說服了所有人認同我的決定。於是我用麵粉袋拎了兩袋衣服，坐著

慢車，離家北上求學。

坐在火車上，我表情木然地呆視著，一路往後退去的風景；而我也與我生長的地方——台中，越行越遠了。我在心中，反覆的細細思量自己的抉擇，這義無反顧的決定，除了父母為我籌措的學費，我將要無所依靠的展開求學生涯，但我，真的做得到嗎？我茫然的隨著火車晃動，一顆心也顛簸不已。

果然到學校註冊完畢，我就成了一文不名的窮小子了。不但沒有餘錢可申請學校的宿舍，接下來的膳食住宿，更成了首要頭痛的大問題。我回想著爭取唸藝專時，向父母拍胸脯保證，只要有第一個學期的註冊費，自己絕不會再要家中一毛錢的豪氣。話雖如此，在這人生地不熟的地方，我摸著身上母親一針一線改裝的大學服，那是母親從箱底翻出父親的舊軍服修改而成的，為了我要讀藝專，學費已是七拼八湊而來，我知道自己再也沒有退路。但此時，我卻只能像無頭蒼蠅似的在板橋街道上晃盪著，哪裡才是我的棲身之處啊？

我信步往學校南邊的方向一直走著，不知不覺走到了當時的「婦聯一村」，那是個相當荒涼的村落。剛好我看到一個退伍的老兵正在做「煤球」，煤球是五十年代家家必用的燃料，我想起自己小時候，也曾在鐵道旁撿煤渣，做成煤球給媽媽煮飯用，心想這個粗活兒我一定做得來。

我厚著臉皮走上前去，向伯伯說明自己是藝專的新生和目前的困境，要求他讓我打打零工，我不要工資，只求有個睡覺的地方就好。

老兵伯伯，他姓劉，是個老好人。他聽了我的陳述，雖然他自己做煤球的工作也僅能糊口而已，生活並不豐裕，但劉伯伯不禁還是動了惻隱之心，收留了我這漂泊的遊子。

劉伯伯領我走到一間破舊的草房子，裡頭堆放著許多煤屑、稻草和工具。

「魯青，伯伯這裡住的地方很簡陋，其實打煤球的收入也不多。出門在外，不比在家中舒服，伯伯只能供給你一餐，還有這間破屋子，你要多忍耐了。」

「謝謝伯伯，有個可以睡覺的地方，我就很高興了。」

儘管嘴裡這麼說，身體卻不斷打著哆嗦。這間和倉庫沒有兩樣的屋子，仰起頭就可以看到天空，風不停地從土牆過大地縫隙，毫無顧忌的吹進來，我只有手腳勤快的馬上用幾個磚塊和木板搭成一張克難的床鋪，再用我裝置衣物的「中美合作」麵粉袋，充當床單。

找到了容身之處，心裡踏實多了。而在藝專讀書的苦日子，這段艱澀的滋味還只是剛開始，接下來許多事件，更讓我體會到貧窮與富有之間的差距，像是一條寬闊的河流，我卻只能在岸邊踽踽獨行，那孤寂的感覺，真不知要向誰訴說？

除了幫劉伯伯做煤球，其餘兩餐的伙食費和美工所需的材料費用，經常是捉襟見肘的難堪。所以讀藝專的我真是「吾少也賤，故多能鄙事」，足足做過許多苦差事、賤活兒。寒暑假當月餅工人、挖蘆筍，到大甲溪搬鵝卵石，雖然這些工作粗重操勞，但總能為我賺取一學期的註冊費。

學期中每天幫同學洗燙幾十件的衣服，兼美術家教，這些工作使我將大學生多姿多彩的社團生活、舞會、聯誼，完全貼上拒絕往來戶的標籤，因此和同學間的交往也不密切。對此我毫無怨言，貧窮的家境讓我學會了把羨慕的眼光、怨懟的心情妥善的隱藏起來，我知道自己是沒有條件享受這些娛樂的，我只能想著如何填飽肚子，和支付買畫筆顏料的費用。

專二時，我告訴自己一定要拿到獎學金，才能紓解我困窘的經濟狀況，但每學期雖有獎學金的支援，我仍舊四處找尋可以賺錢的機會。印象中，輕鬆一點兒的工作，是在專二下時賣過一批水彩寫生畫給不知名的飯店當佈置，這是我打工以來，賺過最豐厚的一筆收入。

其實這筆對我來說等於是天文數字的收入，背後還有個小故事。當時我在學校，對包裝設計還算拿手，對自己設計的作品也充滿自信，偶然得知台北東元彩色印刷公司正在徵求包裝設計，但求才條件說明得很清楚，他們需要的是正職並不是兼職，我為了一償自己當個優秀的包裝設計師的夢想，一方面難得有個工作能與我所學有關，怎能輕易放過這大好機會。於是我斗膽自薦，印刷公司果然錄用了我，而老闆得知我還是學生，無法

擔任正職只能兼職，他還是寬容地讓我留下工作。

但這個工作，卻使我被老師傅罵飽了「三字經」，常常我畫好的圖，當我洋洋自得、興沖沖地拿給師傅看，往往兩三下就被師傅毫不留情地撕掉，再送我幾句「三字經」，對信心滿滿的我來說，真是強烈的挫敗感啊！在做立體商品時，師傅告訴我紙張是有縱橫的纖維，摺起造型可是會失之毫釐、差之千里。

回溯以往，僅是手指忙碌的製作著軟片紙盒、聖誕燈盒，單純的想多掙點錢，並未想到日後會走到景觀設計這條路。而當初兼職的這個工作，對於我現今的事業，最大的收穫，我想就是那時所奠定的空間感，同時也悄悄播下萌芽的種子。

還有幫藝專的窮助教李元亨老師（後來留學法國成為知名美術家）搬家，一碗牛肉麵的報酬，也是令人難忘的經驗。我用載煤球的板車幫李助教省錢搬家，從台北到板橋，拉了一回又一回，當了一天苦力，褲子都磨破了！最後我和李助教相視而笑，雖然他只請得起一碗牛肉麵做為答謝，但許久不知肉味的我，感受的不僅是那肉香湯鮮的美味，還有李助教真誠的友誼，適時溫暖了我枯竭的心。李助教是我在藝專讀書時，少數真心相待的朋友，因為我大部分的同學，皆是幸運的過著天真無慮的學生生活，如何能了解我肩上荷的擔子有多重？

在藝專三年，同學們活躍於創作及社團活動，我卻像個啞巴一樣默默無言的上下課。經濟和課業上的雙重壓力，讓我產生了精神耗弱的情形，生理上也亮起了紅燈，我發現自己有嚴重貧血的毛病。這些突發狀況，對於我當時的處境，可謂是雪上加霜，其實這些健康不佳的訊號，早已其來有自，我越是刻意去忽視它，它越是以更激烈的姿態來提醒我。

我心想若是回台中求援，無疑是徒增父母的煩惱，既無後路可退，那我就只好自力救濟了。首先我每天到郊外的溪水旁釣青蛙，來補充營養，所幸當時都市尚未開發，到處都是稻田，也沒有資源污染的問題，而我釣青蛙的技術也高超，每每總有收穫。接著我又到天主教耕莘文教院去上一系列心理學的課程，試圖從研讀的過程中找出自己偏離正軌的部分，就算

是「自我療傷」吧！在我雙管齊下的努力之後，總算把那個精神恍惚，瀕臨身心崩潰邊緣的朱魯青，拉回了正軌。

其實在藝專迎新會的那天，我就有了「曲終人散」的感覺，怎麼說呢？

迎新會上，大夥兒爭妍比美的衣著，隨著音樂曼妙地起舞，眼見自己寒傖地立於其中，此時的我和這熱鬧喧嚷的場景是多麼格格不入。

我也深刻地意識到，原來過去的「我」，一直活在掌聲中，我開始反問自己，「我」到底是什麼？存在究竟有什麼意義？

因為中學時期，我除了學業成績優異，演講、繪畫、作文、書法……，各項比賽一把抓，而且每戰皆捷。種種活躍傑出的表現被譽為「校寶」，我想那是因為自己始終有潛在的自卑感，所以就讀台中市立一中時，樣樣都想得第 ，於是努力的爭取各項榮譽，來彌補自己和同儕間物質上的差距。

但到台北讀藝專後，我忽然頓悟了！恍然發覺，原來那急於表現自己的少年朱魯青，只是個空的軀殼，腦子裡裝的都是偏激的想法。經過時間和空間的更替，到了台北，我才感受到「窮」有這麼可怕，藝專的同學們總是打扮得光鮮亮麗來上課，我還是那一千零一套舊軍服改成的大學服。這繁華世界和貧窮的距離，比起中學式樣統一的制服背後，更加無情的揪出我與同學的落差。

所幸的是，經過這段心理、生理雙層煎熬後，我終於重新找到自己的定位點，尋回當初自己堅決實現理想的那份熱情。曾經一度，我想轉藝專夜間部就讀，工作與學業也較能兼顧，但當時夜間部必須服完兵役才能就讀，而我形單影隻，既無退路也無後援，這條路只有靠自己一步一腳印，走完它。

就這樣走過穿喇叭褲、跳阿哥哥舞、聽藍調音樂，人生中最黃金的青少年代。雖然我對以貌取人的態度一向不以為然，一般人也必定和我同樣認為服飾只是外表的假相，而殘酷的事實卻往往是傷人不落痕跡。不可否認，直到藝專生活，我才真正認清貧窮的真相。

時光荏苒，此時的我即使已有足夠的能力錦衣玉食，但我仍鍾情自己那幾件褪色的棉布衣衫與牛仔褲，隨遇而安的吃著路邊攤或鐵路便當；這樣清淡的生活態度，反而使我甘之如飴。

3 逐夢

「爸，相信我，我絕對有擔當的勇氣。在唸藝專期間，絕不會花家裡一毛錢的，相信我，好嗎？」我知道一旦決定北上讀書，就得爲自己的選擇負責，我信心滿滿的告訴父親。

中學時期，能夠當上童子軍，是我第一個實現的夢想。

童軍團帥氣的制服，目不暇給的課外活動，像一顆垂掛在樹梢新鮮的紅蘋果，一直挑動著，年少的我沒來由的虛榮心。但迫於家境清寒，我明知自己是不可能穿上那身夢寐以求的童軍制服的，只能偷偷的幻想著這個童軍夢。

在臺灣光復初期，那左支右絀的年代，每個家庭皆是食指浩繁的，我家也不例外。父親只是個小小的公務員，六個小孩加上兩個大人，擠在眷

村圍牆旁父親自己用竹子搭起的十一坪圍章建築內，這樣貧困人家的孩子唸完小學，接著還可以唸初中，已是上帝對我最大的恩澤了。我當然必須全力在課業上衝刺，每個學期拿獎學金是我最大的目標，這樣父親在經濟上的壓力也可舒緩不少。

升上初二，我對當童子軍還是不曾忘懷，而價格昂貴的制服與龐大的支出，始終是我望之卻步的原因，當然我也絕口不提自己這小小的夢想，因為我知道父母決不可能有餘錢，讓我去享受這個非必要的奢侈心願。

沒想到這時在我生命中，第一個幫我圓夢的人出現了！他彷彿聽見我內心渴望的心聲，他就是台中市青商會會長武忠森律師。那時青商會發佈了一項消息：為鼓勵家境清寒且品學兼優的學生，青商會決定在每一所中學招考童子軍，入選後所有童子軍的行頭由青商會暫借。而新童軍在青商會的集訓後，假日可從事酬薪性質的服務工作，例如在慶典節日時，接受市政府委託，協助指揮交通或清掃街道、公園，或是到美軍俱樂部擔任小侍者，領客人入位、端茶水等。

這對我來說，簡直是天外飛來的福音，我當然不肯放過這個機會，夢想著參加這個以服務人群著稱的社團的甄試，既可一償心願，還可貼補家計，我更是卯足勁兒去爭取。經過許多測試與面談的關卡之後，我果然獲得了這項資格。「073079」，這是一組幸運的號碼，我的童子軍編號，這組號碼也從此打開了貧苦孩子的視野，接觸到另一個有如「香格里拉」般的世界。

童子軍生涯，對我日後的人生觀有著莫大的影響。由於青商會暫借的衣物鞋帽，我們可由獲得的酬勞分期償還，從中我得到自立更生，還有服務越多收獲越多的深刻體驗，也因為曾受過別人的幫助，現在的我更懂得回饋。而童子軍的各項社團活動，對年少的我來說，在人際關係、待人接物及國際觀的視野，如同開啟了另一扇窗般，使我的中學生活繽紛起來。

年少時，笑容平時絕少出現在我的臉龐，因為總有許多事情令我不由得擔心著，如學校偶爾須繳納的雜項費用，家中見底的米缸，父母忙於工作的身影等。這些事情經常提醒著我，雖然我只是個初中生，如果我有能

力，以後一定要出人頭地，改善家裡捉襟見肘的生活。而當了童子軍之後，我卻十分享受他人因接受我的服務，所露出的那種由衷感謝的笑容。這讓我感覺到，原來施比受更有福啊！

最重要的一點是對我意志力的磨練，記得有一次我到美軍宿舍幫外籍人士整理家務，當我看到他們家中華麗的佈置，精緻的擺飾，只覺得他們真是天堂來的人，居然可以這麼享受生活。我只得不斷地和我既有的生活觀拔河，這對處於青春期的我來說，真是少年維特小小的煩惱，但我從未向父母抱怨，為什麼我們家境如此困苦？因為當童子軍的喜悅，早就沖淡一切，還有我與同儕間的不平等了。

擔任童子軍的歷程中，還有一段至今仍難以抹滅的回憶。記得那時有一個到日本參加「世界童子軍人露營」的機會，這是我經過語文、史地、野外求生等科目甄試，得來不易的出國夢，雖由青商會和教育部補助三分之二的經費，當我喜孜孜的告訴媽媽時，她卻一口回絕我的要求。

我心想，難道我們家真的這麼窮嗎？連一點點錢都拿不出來啊。我天真地建議母親可以去向富裕的姨媽借貸，姨媽黃媛珊博士精於烹飪，後來還出版了食譜，我曾到姨媽家做客，只覺得姨媽和我們直像是兩個世界的人。而且姨媽那麼疼我，一定會借錢讓我去日本的。

但母親卻立即聲色嚴厲地拋給我一句話：「有本事，就靠自己賺錢去日本。」

沒想到自己的私心，直愣愣地觸及母親賴以為傲的志氣，是的，畢竟我們是窮，但骨氣是我們僅有足以自豪的部分了。昔日家計也曾遭遇經濟上的難題，母親皆是咬牙渡過，仍不輕言向姨媽借錢。而我雖然只是個剛冒出幾顆青春痘的初中生，望著母親堅毅的眼神，那時我雖無法全然體會母親不輕易向人低頭的堅持，我卻深刻地了解，原來貧窮真的是一件悲哀的事。

初中三年就在悲喜交織中渡過了。但青春年少的理想，我始終不曾忘懷，母親殷切的提醒著凡事只有靠自己，這句話激勵我，往後一定要出人頭地，才有機會完成自己的夢。

所以我在課業上從不懈怠，我選擇直升台中市立一中的高中部，一方面在市一中的學習環境已嫻熟，遑論師長也對刻苦向學的我諸多照顧，所以談起高中三年，我在市一中的輝煌史，不論是學業成績或是課外活動的表現，可真是如魚得水、悠然自得。升上高中後，我繼續擔任童軍聯隊隊長，也協助老師輔導初中部學弟妹的功課。當選校刊社和美術社社長，在校刊上連載的漫畫風靡全校，代表學校到校外演講，去廣播電台表演相聲，參加各類繪畫比賽和全省美展等。

在師長刻意栽培下，我在最擅長的繪畫項目逐漸嶄露頭角，在中學時便摘下全省美展第一名的桂冠。那時我也深信，自己在繪畫方面的確是有天賦的，老師們也認為我未來必有一番作為。

意氣風發的高中生活即將進入尾聲。如今回想起來，那急於表現自己的高中生活，一方面是自己的才氣屢獲肯定，二方面連連的掌聲足以陶醉自己，其實就是自卑的心理作祟。但當時懵懂的我，隱約意識到這樣踩在雲端，光采愉悅的日子終究是要結束的。而未來，我該走什麼樣的路呢？

我所面臨的升學抉擇，開始陷入兩難的境地，究竟該唸一般科系或是美術科系？因為家中經濟困頓的緣故，這兩種選擇像是搖擺不定的天枰，使我苦惱不已。而此時竟有師長建議我乾脆去讀軍校，亦可減輕家計負擔；但我明瞭自己的個性，我絕對不可能放棄理想。儘管環境不允許我有作夢的機會，儘管這追逐夢想的過程格外辛苦，我也要走出一條遠離貧窮的大道來。

當時我在一中的美術老師是文霽先生，他告訴我若有心實踐自己的夢，就當個有志向有理想的藝術家。他是個高風亮節的老師，我明知文先生是對我寄予厚望的，但在填志願的節骨眼上，我還是背叛了他。因為學科測驗一分飲恨，我無法上公費的師大美術系，我也未選擇其他學校的純美術系就讀，為日後生計著想，我填了三年制的國立藝專美工科，心想可以快些畢業分擔家計，也不會只因是純粹的畫匠而為無法填飽肚皮所苦。

因我把志願調整，使得文老師好一陣子都不和我說話，但日後老師還是與我誤會冰釋，他終於了解我並非一般的藝術家。不同之處在於從小我

就會面對實際狀況去思考，而我明確地體認到，當時我是沒有任何條件可以抱著畫筆當飯吃的，假若我執意做個堅持己見、墨守成規的藝術家，我想，成功之神是不可能眷顧我的。

我堅決地要讀美工科這件事，在家境蕭條的朱家已掀起了軒然大波，父親一直認為畫畫若只是興趣那就罷了！怎麼可以當做未來的謀生工具呢？

父親苦口婆心地對我說：「魯青，你一向都是聽話懂事的乖孩子，如果你真為家裡著想，就聽爸爸的勸，唸商學科系以後才有好出路。註冊費讓爸爸來想辦法，總是可以湊得出來，如果你硬是要搞畫畫，那些材料費用瑣瑣碎碎的，要從哪兒來？」

雖然我早已心知肚明，父親必會持反對意見，我仍不放棄說服父親，企圖扭轉他的觀念，我極力向父親解釋分析，為何我非要讀美工科不可的原因。在求學路上，這是一道重要的關卡，我為自己所熱愛的興趣不斷地努力著。

「爸，相信我，我絕對有擔當的勇氣。在唸藝專期間，絕不會花家裡一毛錢的，相信我，好嗎？」我知道一旦決定北上讀書，就得為自己的選擇負責，我信心滿滿地告訴父親。

父親望著桀驁不馴的兒子，羽翼已豐，執意要追逐自己的夢想。終於，他鄭重地拍拍我的肩膀說：「既然是自己決定的事，就做好它吧！」

我猛然查覺父親如此無奈的語氣，或許他正痛苦著，為什麼不能給自己的孩子更多一些？或許，父親也想起了自己某些尚未完成的夢想。

4 孵夢

尤其是他所說的名言：「苦難者，無悲觀的權利。」這句話像一種很深切的聲音敲擊我的心，時時迴盪在我的腦海中，直到現在還是不斷激勵著我。苦難者，沒有悲觀的權利，更不可以被苦難打敗。

對每個男孩來說，經過兵役的洗禮，才會蛻變成一位有擔當的男人。這樣的磨練，對我無疑是應驗了一句台語諺語「吃苦當做吃補」，我的軍旅生活可說恰好為我前三年苦不堪言的求學路，給了一個舒緩的機會。「在每一個時空，都要認真的做每一件事」，這是我經常自我勉勵的話。

在藝專畢業之後，即使是服兵役，我也不願選擇一般同學前往的政戰宣傳單位。怎麼說呢？我是個喜歡不斷自我挑戰的人吧！一旦日子突然間安逸起來，或許我會不由自主感到發慌的。一年十個月說長不長，說短也足以修身養性一番的，我想利用這段沉潛的時間，可以好好思索我未來的方向，就像孵豆芽吧！在陰暗的角落，才會發現陽光正在不遠處招手，而豆芽也伺機迎光茁壯。

於是考上預官之後，我選擇到臺東的陸軍部隊擔任排長，當時我帶的兵絕大部分是原住民，常常因為語言及文化的隔閡，同袍在相處上易產生磨擦。這時之前所研讀的那些心理分析的基礎，例如和他人溝通的技巧，便自然的派上用場了，而且我一向都是個善於聆聽的人，所以我和連上的兄弟們的互動融洽。

當兵這一年十個月，久違的藝術才華再度不甘寂寞地被挑起，尤其歷經在藝專三年的「壓抑」，此時順勢得到完全的釋放。不論是保防教育演說、莒光日作文競賽、海報製作等，幾乎又是每戰皆捷。這卓越的表現，使得司令頻頻說服我留營報效國家，我還記得司令那湖南腔的口音總是沉沉的說：「小老弟，很有衝勁吶！好好幹，國家會栽培你的。」

當兵的我，像是重新掀開在台中市立一中輝煌的回憶，一瞬間，又被接踵而至的掌聲所包圍。部隊中有許多老士官長對我是呵護備至，因我常為連上爭光，而且又是眷村背景，父親也曾是軍旅榮退，這些淵源使得我的軍旅生涯一路順遂。而諷刺的是，衣食無虞的兵役生活，這種不必擔憂寅吃卯糧的日子，大概是一路求學至軍中，才能享受到溫飽的滋味，不由得令我格外珍惜。

當兵時還有一個特別的故事。有一次，我所服役的單位，策劃由台東穿越大武山、霧台社、鬼湖，在南部中央山脈中，去找尋一條新的補給路線。之所以這個事件使我難以忘懷，那是因為當時我有腸胃不適、胃潰瘍的毛病，只要有壓力、工作緊張時胃就痛，冰凍三尺非一日之寒，不管換過多少醫生都束手無策，面對始終無法治癒的胃疾，當時我居然有了置之死地而後生的想法，乾脆就這樣放逐到山裡去吧，於是我自願參與這次至少八天七夜的山礙行軍，由幾位山青領路，一行人浩浩蕩蕩在山裡走了一整天。

才第一天晚上，我馬上就後悔得不得了！因為我的肚子開始絞痛，而前不著村後不著店，誰能救我呢？我也不想大肆聲張，因為是我自願參加這次的探險，如此一來豈不是為長官帶來麻煩。我只好拿出自己的治痛偏方——大蒜，胡嚼猛吞一氣，但這也只能暫時止痛。

接連幾天，胃還是隱隱作痛，為了跟上隊伍，我仍得不停的趕路，山中的景致優美，我卻無心欣賞。我心想自己一定要戰勝這頑強的痛楚，越不想思考，越是故意忽略它的存在，它越是一陣強一陣弱的提醒我，依附在我的身體內，不曾遠離。

一直到了第五天，咦？怪了！胃漸漸不疼了。當我發現自己的意志力，竟可逼退這困擾我數載的符咒，那種輕鬆的感覺實在是難以言喻。這時我才發覺身邊的山嵐、高聳參天的林木，四周一片綠意盎然的景色，彷彿人間仙境一般。身子不再病奄奄的，爬山就格外有精神了，我直拉著旁邊的人說話，顧不得自己吃了好幾天的大蒜，真是口氣不佳啊！不過大夥經過長途跋涉，哪有水源得以梳洗，所以彼此都是一身泥濘、狼狽不堪，

還不曾有人發現我已經歷了一番生死交關。

說也奇怪，自從那次下山直到現在，我的胃疾就消聲匿跡，完全好了！好像我從未得過胃潰瘍一樣，這真是不可思議的奇蹟。經過大武山一役，我就像脫胎換胃一樣，不再為胃病苦惱，心情也舒暢愉快不少。

在台東服役，當地民風純樸，尤其許多原住民女孩極為熱情，但我並不與同袍吆喝著去市區泡馬子，因為我心中有更好的去處。那兒有一股力量吸引著我，一休假就準時去報到。在因緣際會之下，我從負責後備軍人訓練人員中，結識了台東太平國小的趙老師，他個人有滿櫃的藏書，趙老師很慷慨把他的書與我分享，而我們也因書香交流而成莫逆。於是整個當兵歲月，便皆在文星雜誌、李敖文集、齊瓦歌醫生、談存在主義等書籍中浸淫。

這些「閒」書，在求學階段是無力也無裕去閱讀的，其中我對德國哲學家尼采（Friedrich Wilhelm Nietzsche）的印象，特別深刻，他否定傳統上的理想和價值，提倡了不同常人的思想，總是尖銳地批評著文明。尤其是他

所說的名言：「苦難者，無悲觀的權利。」這句話像一種很深切的聲音敲擊我的心，時時迴盪在我的腦海中，直到現在還是不斷激勵著我。苦難者，沒有悲觀的權利，更不可以被苦難打敗。

在整個求學階段，不論是中學時代的童軍夢，大學時代的美工設計，期間追求的過程，就如同佈滿荊棘的坎坷之路。身為長子，除了做好榜樣自動自發的讀書，督促弟妹之外，這與生俱來的生計壓力，自小到大就讓我有責無旁貸的使命感。因為只憑父親任職村幹事，小小公務員的薪水，要養活這一大家子實非易事，母親只得百般開源節流，小學時的我還曾是母親「事業上」的好夥伴呢。無論是清晨到市場中撿拾殘葉爛菜，回家剁碎再餵雞鴨；還有當家中開設雜貨店的小小掌櫃，加加減減算帳找錢；或是在昏黃的燈光下穿針引線、比對花樣，母親則趕工繡著加工的毛衣，這種細膩的針線活，我也做得興致盎然。

另外有一段和母親賣菜的歲月，更令我刻骨銘心。在苦難中成長的人，特別懂得如何在夾縫中求生存，在那個物資缺乏的年代，似乎大家都

不由得學會許多掙錢的本事。

母親由鄰居那兒習得如何醃酸菜、批菜、孵豆芽，而我自然是母親第一號的小幫手。我常和菜販子溝通，甚至要面無懼色地應付前來挑釁的地痞流氓。年紀尚小的我也不知從何而來的勇氣，只知道和母親趕早摸黑賺來的辛苦錢，怎麼可以這樣輕易的送進他們的口袋呢？於是我居然就硬著頭皮，每回他們來收保護費時，我就強做鎮定，笑嘻嘻的送上幾把青菜，委婉的說：「叔叔，對不起，我真的沒有錢，可不可以用青菜來代替？我們賣的青菜很好吃喔。」

不知是他們伸手不打笑臉人，或是義氣的大哥們不與婦孺一般計較，就這樣我們從未繳過一次保護費。這段賣菜的日子使我體認到，人若是不畏強權，懂得力爭上游，是不必向環境屈服的。

教學生涯中輔導教育的歷程，讓我深覺學校中設置輔導室的重要性。這些與學生共同面對問題，解決困難的每一個關鍵時刻，不僅學生因我們的諄諄善誘，彷彿浴火鳳凰一般在求學路上越挫越勇，連我自己也因此獲得了許多人生經驗。

5 作夢

一九六八年在台東服役時，我的母校——台中市立一中就寄來了聘書，校長還親自來找我懇談，希望我能回母校教書，我幾乎沒有多加考慮，就決定回台中任教。我想自己會以教美術為我進入社會的第一份工作，一方面是感恩，一方面是個性使然，台中市立一中藏有我青少年時期所有美好的回憶，何況我深知自己是如此重感情之人，怎能抵擋母校殷切的召喚。

除了在一中任教美術科目，校長還想請我兼任童軍社團的訓練老師，雖然這也曾是我的專長所在，但我建議校長這不是當務之急，應隨社會脈動設立輔導室。而當時教育局才剛開始在各國中、高中設立輔導室，一中也決定馬上成立輔導室，非常欣喜校長的高瞻遠矚，能夠接受我大膽的提案，這可說是我教學生涯上第一次的拓荒。

為了籌設輔導室，我又到師範大學去研讀諸多的輔導課程，後來台中市立一中的輔導課程，無論是張老師信箱或性向測驗皆是成果卓著，日後更成為各校中的翹楚，但草創之初，所有輔導室的老師都付出了可觀的時間與精力，才有這般的成就，絕非是一人之力所致。

於是，我們的輔導教育也因此聲名遠播，我記得當時救國團的秘書長宋時選先生，也想請我到救國團去服務，雖然最後我還是選擇留任教職，但這也使我對自己的能力更加肯定。

從事學生的心理輔導，由如何打開學生的心防，到取得學生的信任，對輔導老師而言，都是一門需要摸索及再成長的學問。

我輔導過的學生，至今仍難忘當時的情景。其中有一個女學生的案例特別棘手，她在面臨大學聯考的節骨眼兒，卻不惜與家人決裂，立志要考舞蹈系。這個案例看在輔導老師的眼裡，並不只是對聯考制度的抗爭這類單純的事件，在整個輔導過程中，竟意外的牽扯出她的身世之謎，這是我始料未及的，另一層心理輔導的考驗於焉產生。

原先這個女學生曾告訴過我，她有預感自己不是她父母的親生子女，站在輔導教育的立場，我自然是以為這純粹是她壓力過大而生的妄想，必須立即匡正她偏差的想法。沒想到我正循序為她進行心理輔導，也同時和她家人深談之後，卻證實她心中的疑慮竟然成真。但是她的父母以聯考的關卡為前提，還是決定先隱埋真相，所以我一邊要注意學生的心理轉變，一邊還要開導她的父母，這個過程可說是備極艱辛。

教學生涯中輔導教育的歷程，讓我深覺學校中設置輔導室的重要性。這些與學生共同面對問題，解決困難的每一個關鍵時刻，不僅學生因我們的諄諄善誘，彷彿浴火鳳凰一般在求學路上越挫越勇，連我自己也因此獲得了許多人生經驗。

我想在六年的中學教書歲月中，最引以自豪的是，我從未打罵過學生。在這作育英才的杏壇，我曾全力以赴的付出過，為何我又毫不留戀的抽身而退，轉向另一個領域──景觀設計呢？

這一回的轉換職場，正是我的人生第一次的「歸零」。話說從頭，這還是與我教書歷程頗有淵源的。

PART 2 攀越顛峰

築夢大地

6 築夢，歸零

整裝行囊妥當，當我端坐在飛航日本的班機上，我的眼淚不聽話的，撲簌簌的往下溜，飛向日本的夢不就是我一直所渴望實現的嗎？如今我確實飛過太平洋、飛過日本海，往我的童年夢想飛去。

回想尚未踏入景觀設計的領域，我的第一個設計作品是台中明道中學的校門設計。當時我在台中市立一中教書，因弟妹們仍在就學，為了替爸媽分憂解勞，閒暇還兼職做卡片的商業設計，再加上教職的薪資，的確減輕了一向困窘的家境。

但我對曾經做過的夢，卻從來不曾遺忘。當得知明道中學在徵選校門設計的消息時，僅剩十天就截止收件了，我心想這是個千載難逢的機會，可要抓緊把握才行，那時我壓根兒沒思量自己只是個初出茅蘆的設計師，

憑的只是一股傻勁兒罷了。

於是打定主意後，我便風塵僕僕的騎著機車，花了三、四天的時間，看遍鄰近縣市所有學校的校門，不但一一拍照，並製成一本「門」的分析報告。接下來一天買五個饅頭，除解決三餐之外，我打算閉「門」苦思，我認為這個出人頭地的機會對我太重要了，直覺告訴我，不能錯過這個時機，我一定要全力以赴，而且勢在必得。

雖然我從未設計過這類的作品，可是自信與實力是我最大的籌碼，我不斷的自我鼓勵：「朱魯青，相信你自己，你一定可以做到的。」經過一番腦力激盪之後，不知撕毀塗改了多少張圖稿，徘徊在一道道自己絞盡腦汁設計的校門中，才訝然發現原來自己是頗具潛能的，我居然畫出了三十種造型各異的校門，這種前所未有的成就感，使我不禁感動起自己的這一股傻勁兒，終於有了具體的成果。

當下我做了一個積極的決定，決定把這三十份設計圖全數寄出，寄出的同時，我就與他人不同，因為我同時擁有了三十個機會。

1968年參加明道中學校門設計比賽獲得第一名的設計圖，從此步入了景觀設計這條路，是人生重要的轉捩點。

1978年獲明道中學邀請，重新設計校門，並製作「天行健君子自強不息」巨型馬賽克浮雕。

明道中學校門入口廣場景觀雕塑「頂天立地」，是早期的雕塑作品。

而我為自己創造的機運，一個星期後，為我捎來雀屏中選的訊息，明道中學的校長汪廣平先生親自打電話來，他說我同時獲得明道校門徵選的第一名與第二名。

頓時，我的心被得獎的喜悅包圍得滿滿的，這是我生平得到的第一個設計獎項呀！在摸索設計的路途上，這是個重要的里程碑，更是個轉捩點，對我而言這肯定是如此的彌足珍貴，這也使我確定自己在設計方面是有天分的。

後來汪校長更進一步邀請我至明道教授美術課程，還有成立學生輔導中心。同時他還告訴我校門評選幕後的插曲。因為那時校方董事會也有代表參與競圖，但汪校長為我一次竟畫出三十份設計圖而感動，他想這為藝術執著追求的態度，讓他體會到設計者一定是個誠懇踏實的人，所以校長極力為我爭取。承蒙汪校長如此賞識，當下我那股拓荒精神又出現了。感受到汪校長的提攜知遇之恩，於是我離開了母校市一中，轉任明道中學。

教職的轉換，與粉筆灰為伍的日子，並未削減我對設計工作的熱情，

我還是邊教書，邊接些公司行號或學校、住宅的規劃設計工作。教職固定的收入，對於我的家庭、求學中的弟妹，一直都是一股穩恃的力量。

但當我發現，自己對設計工作的種種資訊逐漸渴望，深覺自我的不足，那求知的切望已凌駕於教學之上，恨不得把所有的時間及精力投注其中，這強烈的念頭不知在我腦海裡轉了千百回。在衡量自己的積蓄足夠家中一年生活無虞之後，我決定辭去教職給自己一個新的探索方向。

就從建築公司的小弟做起吧！所謂萬丈高樓平地起，我深入設計工作的底層，藉以了解建築空間從無到有，這每個環節的程序和推進；我相信這對我日後成為景觀設計師的夢想，一定有長足的幫助。吃苦對我而言，有如家常便飯，只要我有實現理想的勇氣。

當時，做了放棄教職的決定，家裡年老父母自是反對得厲害，他們認為這個兒子不知被什麼邪祟迷惑了？現在好不容易可以過點好日子了，我卻又要一頭栽進貧窮去。往事重演，就像當初我堅持不讀商學科系一般，花費了一番唇舌才使父母支持我的選擇，我請他們相信自己的兒子，從小

到大沒讓他們操心過，我一定會闖出一片新天地的。

一九七三年由教職轉換到工地的小弟，這是我人生中第一次的「歸零」。雖然薪水一下子由當時的一萬五千元降至一千三百元，現在想起來可真是個賭注呀。

關於「歸零」的觀念，當時我只是想完成我的夢想，但我並不知道那就叫歸零。我單純的只是想完成既定的目標，就誠如佛家所云：「清心好見性，自在步紅塵」，禪意是指一個不被物慾迷惑的人，總是自在且喜悅的過著創造性的生活。放下與捨得，能捨才有獲得，乍聽之下似乎很豁達，但我轉念一想，或許是因當時未婚，尚無家累的包袱，所以我可以輕易地下決定。

但現在我常和欲分享我經驗的人說，你可不要隨便「歸零」，要深思熟慮而為才行。人生歷經歲月的累積，累積出一串約定俗成的責任制，現代人往往拖延推諉找上一堆藉口，或者率性放下一切出走，由企業出走、家庭出走、婚姻出走，依我看來這是逃避式的「歸零」。

「歸零」，放下繁華的過往，一切由原點開始，成熟處世而行很重要。從零到一，由一而十，這之間的過程，自然沒有想像中的如意。例如工地裡的伙伴對我放棄教職，來屈就工地小弟甚為不解，除了在背後竊竊私語之外，不免有人認為這是惺惺作態。雖眾口悠悠，唯有我自己明白這抉擇，絕不會使自己後悔的，那一段時日真是寒天飲冰水，冷暖自知了。

果然事實證明我的眼光是正確的。一個嶄新的工作環境帶給我無比的衝勁，傑出的表現已掩蓋了初時人家對我的不信任，我在公司的職位一路爬昇。由小弟昇至經理，這之間的起伏唯有自己心知肚明。對於夢想，我願意花費時間與精力去追求它，即使將來的投資報酬率不成正比，我仍慶幸自己曾經付諸行動，而非退縮在「它」的背後編織著白日夢。

這是我人生中，第一個圓夢的點，明瞭建築業的所有程序之後，更多挑動我進一步學習的點不停地迸出來，它們在我心中蠢蠢欲動，逐漸勾勒成我想學習的路線。

經過再三考慮，或許是有前一次的「歸零」經驗做後盾，我決定放棄建築公司經理的高薪，到日本去學習「造園藝術」。暫時放下擁有，並不代表一無所有，我只知道把握機會與時間，不斷的充實自我，相信將來的自己不論在精神或物質上，都會是富有的。

怎樣述說我這段日本之行呢？這次赴日短期求學的決定，當然在我周遭又掀起一番波濤，但親朋們對我不按牌理出牌的個性也莫可奈何，還好家中的經濟那時已著實改善許多，所以這一回的轉換跑道很快便成行了。

整裝行囊妥當，當我端坐在飛航日本的班機上，我的眼淚不聽話的，撲簌簌的往下溜，飛向日本的夢不就是我一直所渴望實現的嗎？如今我確實飛過太平洋、飛過日本海，往我的年少夢想飛去。

我想起讀初中時，因為家裡太窮困而無法參加在日本舉辦的世界童軍大露營，母親曾毅然的告誡我，「有本事，就靠自己賺錢去日本」，現在我正飛往年少的夢想國度，心裡真是五味雜陳、百感交集啊！顧不得坐在身旁的旅客側目，我只想痛快的宣洩這歷經十幾年努力及所壓抑的一切而痛哭一場，那暗自許下的願望終於實現了。

飛機引擎轟隆作響，穩定的頻率一一為機上的旅客催眠，唯有我按奈不住澎湃的思緒，昔日困頓的種種如快速運轉的電影，一幕幕掠過我眼前，我正在幾千公里的高空上，面對著無盡的穹蒼，對過往的貧窮說再見。

7 歸零，造夢

我總認分的想，上天要成就一個人，就要先磨鍊試驗他是否有忍辱負重的能量，是否能將這些言語、行為上的不平等對待，轉化成鼓舞你更向目標前進的力氣，這樣通往夢想的路途，便又跨進了一大步。

在日本短期的進修課程轉眼即過，日本昂貴的物價，在那求學所費不貲，雖然花掉我所有的積蓄，但這一次的「放洋」使我的眼界大開，若有心從事設計工作豈能閉門造車。畢竟多吸收新知加以融會貫通，是我目前想要多充實的。

日本有三大樂園，岡山後樂園、九州兼樂園、東京偕樂園，這三個遊樂園都是幕府時代三大將軍留給後人的庭園。例如後樂園，是以「先天下之憂而憂，後天下之樂而樂」的想法來設計的。在日本東京農業大學進修

期間，我利用有限的課餘時刻，經朋友的介紹，在遊樂器材公司學習，也很認真走遍日本著名的庭園景觀，見識了許多「枯山水」「禪意園」。日本庭園設計理念多是生活禪的表現，所謂具有禪意的「乾景」，枯木、細沙所佈置而成的園景，讓你置身其中冥想，藉著自然的景觀設計來思考人生。

我想，到日本進修造園藝術，他們設計中所著重的哲學思考，對於我日後設計遊樂園，的確是有長遠的影響的。

所以從日本回來後，我馬上在台中成立了一個小工作室，更積極的接案子，因為我又萌發了一個新的想法，那就是如果自己能親手設計一個屬於中國人的遊樂園，就像迪士尼樂園一樣，那該是多麼棒的一件事。

後來我與製造愛迪達鞋子的中台集團董事長許東火先生的結識，使我更相信機會的確是自己創造的，機會更是留給鍥而不捨的人。

一九七四年底由日本回來不久，有一天在報上看到，台中唯一入選第三屆十大企業家的許東火先生及其個人簡介，我當時便很佩服許先生其獨特的眼光和市場嗅覺，旗下擁有七家鞋廠傲人的成績。直覺使然，我心想若有機會為許先生服務，那我或許可以從中學到不少東西，但無人引見，於是我立刻決定毛遂自薦，靠別人不如靠自己嘛！

首先透過電話幾次的聯繫，都無法接洽到許先生本人，我想或許寫一封長信給許先生，以文字代替言語更能表達我的意願。信去幾日，我便接獲中台集團總公司公司的來電，通知我隔日到公司面見許東火先生。想不到在傳訊日益縮短距離的時代，我的「逆向操作」竟然意外奏效，我興奮地在心中大聲歡呼。

第二天一早，我便在約定的時間內到達，而許先生在外公事繁忙，無暇進公司，這一耽擱，我只得苦苦的一直等到下午，只得練習給自己希望，再等一會兒，再等一會兒……，或者許先生在下一秒鐘就回公司了。無奈直到秘書提醒許先生，他才想起今日與我有約，匆匆由外趕回。

呆候許久的我一見許先生，立即忘卻苦候的苦澀。短暫的寒暄之後，許先生提起自己的辦公大樓方才建造完成，一時之間，也不知讓我做什麼

早年為許東火先生設計的別墅與大門圖，以及完工後的照片。許先生是亞哥花園創辦人，也是我從事景觀設計，一路提拔支持我的伯樂。

好？

我從許先生為難的語氣瞧出端倪，靈機一動我便提議說：「我想我來的目的，並非要求得高職。設計方面是我最拿手的，我可以先為您設計個人專用的名片，公司專用的信封、信紙，或是工廠的商標，若是許先生滿意我的設計，其餘的合作再議，您認為恰當嗎？」

就從一張卡片開始，我與許東火先生的合作終於搭上了線。微妙的緣分，若非那天執著的等待，也許就這樣錯失了我生命中重要的關卡，許先生更是我從事景觀設計之始，一路提拔、支持我的伯樂，也是我特別感念的人。

後來我便與許先生以專案合作的方式，無論是他的別墅或百貨公司，零星的case我都認真的設計。和許先生也在這點滴的相處中，逐漸了解彼此的個性，就像忘年之交般的，有時碰面我們也不談公事，只是自在地閒聊著。

萬事起頭難，莫因事小而不為，即使工作室的業務一直是慘淡經營

著，收支可說是勉強打平，我仍然執著地站在設計崗位上。不分大小案子，任何細節我總是事必躬親，同時也摸索著雕塑創作，因為我對藝術領域的追求始終不能忘情。這期間過度的勞累之下，身體也發出了求救訊號，我不由得乖乖的停下手邊所有的工作，住進醫院診療。結果經醫生診斷是患了肝炎，必須休息一陣子調養身體。

許東火先生特別來醫院探視，我一見許先生，不禁又掛慮著未完成的案件，忍不住和他討論著。他見病中的我，仍舊對工作充滿著熱情，許先生拍拍我的肩膀說：「好好休養，未來的路還長得很，『留得青山在，不怕沒柴燒』。魯青，你是個不可多得的人才，或許你有你的目標和理想，但將來我要借重你的地方還很多，等你出院後，願意到我公司來工作嗎？我打算請你幫我規劃設計一座遊樂園，所以你得快點好起來才行。」

這一番意真情切、鼓舞的話語，對我而言無非是一劑強心針，我恨不得馬上展開工作，沒想到我真的可以設計一座遊樂園了。雖然正在病中，身體上折損的元氣，全因前途露出了一線曙光而振奮著，頓時，我的病宛如好了一大半呢。

果然我一出院，重然諾的許東火先生立即請我去總公司工作。剛進公司不久，便擢升我擔任企劃部副理。老闆的賞識，我自當是格外珍惜有這讓我發揮的空間，但「空降部隊」剛開始卻為我帶來許多「異於常人」的待遇與排擠。

我在中台公司也擔任設計與發包工作，因我從來不收紅包，常引來許多誤解與猜測。正所謂瓜田李下，誰會相信員工私下還是剛正不阿的把持分際，何況這又是個如此具有油水的肥缺，自然惹人眼紅耳語。

例如有一次公司需採用一批瓷磚，公司主管的親友所掌管的建材主管，私下也來找過我幾次，任憑他們好話說盡，我卻仍堅持立場無法採用。因為我純粹是考慮到因地制宜，而非內舉不避親，如此一來也使得他們頻頻向上層抱怨：「你們公司那個『年輕朱』，是不是要給他紅包才行啊？」

路遙知馬力，日久見人心。許東火先生當然是明白我的為人，所以才

會付予我這項工作，對於這些蜚短流長，只是置之一笑，他更加倚重我的能力，贊同我的看法。

一九七五年籌設亞哥花園時，許東火先生原先想設計成鱷魚園，我的構想卻認為要建一座花園式遊樂園，許先生認為鱷魚園既可觀賞，又可生產鱷魚用品，而我則認為臺灣正需要一座休閒遊樂式花園，這是企業家和設計師的衝突之處。接著我除了和許先生四處探勘合適的地點，也隨他到泰國看鱷魚，但我並未放棄說服許先生，建造花園式樂園的計劃。

就這樣反覆溝通、醞釀與策劃，像是雜亂的訊號中非得理出一個方向。我記得那時稽核部門的經理就對我極不友善，而且百般挑剔的，他常把我精心設計的圖稿，毫不留情地丟在地上踩踏，批評我沒有成本觀念，現在連合適的土地都還沒著落，我儘是畫一些空中樓閣，這樣如何算是個設計師？

經常在偌大的會議室中，面對突如其來的變局，我就得仔細忖度如何在最短的時間內，以委婉的口吻消除各部門經理質疑的眼神，說服他們支持我的提案，這其中當然也包括極為賞識我的老闆。

另一個部門的資深經理，也對我頤指氣使，把我當作召喚自如的司機，要我每日接送他上下班，美其名是互相切磋公務事宜，一起公出勘測土地，事實上卻要我坐在前座駕駛，他端坐後座，說是可以保持公務用車平衡，車子的折舊才不會加速……。種種無理且莫名其妙的要求，簡直讓我哭笑不得。

「忍一時氣，海闊天空」，我不願把自己的智慧花在與同事爾虞我詐上，至於職場上的不順遂，就把它當成磨鍊吧！我總認分地想，上天要成就一個人，就要先磨鍊試驗他是否有忍辱負重的能量，是否能將這些言語、行為上的不平對待，轉化成鼓舞你更向目標前進的力氣，這樣通往夢想的路途，便又跨進了一大步。

8 夢的王國

首先我要消弭的，便是居民對新社區的敵視感。人，總是習慣安逸的一切，因爲未知，所以難以認同不曾接觸的環境所帶來的恐懼感。我所提出的「新都心」計劃，即是構想社區必須要有活躍的「心臟」主體，社區居民才能動起來。

正在籌備亞哥花園的中途，為了設計上的需要，我再次前往日本考察當地的遊樂園，舊地重遊，卻是兩樣的心情，因為這次有許先生特別安排的兩位日本顧問同行協助，備受照顧與禮遇，真是此一時彼一時也，令我感觸頗深。

由日本回來，許東火先生就急著告訴我，他的朋友張榮義先生也想創建一個遊樂園，幸運之神如此眷顧我，短期內我同時有了設計兩個遊樂園

龍谷樂園的地標牌樓，是我1977年的作品，如今已成為中部橫貫公路出入口的必經景觀。

的機會。第二個遊樂園就是「龍谷自然樂園」。

雖然手上亞哥的案子，正如火如荼的進行中，我仍撥出時間策劃設計龍谷遊樂園，當我前往探勘谷關那塊一百五十公頃的土地時，立即被那一大片原始森林所震攝！心中也七上八下擂著鼓，畢竟自己從未設計過土地如此遼闊的案子，未來不知會面臨什麼變數……

事不宜遲，我捲起衣袖和工人一起在黃土飛揚中開墾，這對我而言是難得的經驗，張榮義先生也信任我的能力，一切全交付予我負責，除保有原生植物外，我彷彿是握著魔杖般點石成金，就這樣依著我設計的圖樣施工，一座建築在大甲溪支流的彩虹大吊橋，全長一六五〇公尺，跨越大甲山溪溪谷，接著單軌運輸車、動物花園、太魯閣山道……等，兩年後，一片荒地很快的俯著我的規劃璀璨似錦。

一九七八年，臺灣第一座私人出資建造且收費的「龍谷自然樂園」誕生了。開幕當天將近六萬人次的遊客熙熙攘攘，那一天我和業主站在簇新的遊樂園中，我忽然體會到我的設計不只幫別人完成夢想，也完成了自己的夢，遊樂園裡此起彼落的歡呼聲，更滿足了每一個來此休閒的的遊客，放下那顆紛擾的心，重新再出發。

龍谷自然樂園的安全上壘，對亞哥花園的進行更是如虎添翼，「亞哥花園」也已經覓得合適的地點並完成評估，亞哥的進度出乎意料的順遂，更增加許多新穎的設計，當然這也是因為有「龍谷」經驗為基石，才能如此得心順手，工程告一段落之後，一九八〇年「亞哥花園」正式加入遊樂園的行列。大坑風景區在亞哥花園別出心裁的裝扮下，一開幕就吸引了八萬人次的遊客，亞哥更成為每年度遊客造訪率最高的遊樂園。

社會各界對結合自然景觀的遊樂園肯定之評價，讓我景觀設計工作的腳步邁得更穩健。雖然亞哥初期規劃已完成，並持續的擴建中，同時我的工作室也有其他設計案而忙碌著。

但對我有提攜之恩的許東火先生，卻因投資房地產事業的腳步過快，而導致財務出現了危機。他語重心長地同我商議：「魯青，你也知道公司目前的情況，謝謝你為公司所做的一切。我相信你的能力，應該可以做出

一番事業來，這是我對你的期許，我想資助你一筆錢，自己出去闖闖如何？賺了錢再還給我，賠錢了也不要緊。」

儘管許先生對我一向看重，特別是他的疼惜愛才之意，我早已體會若深，但更令我動容之處，是他的長恩義重，我又怎能挑在這個時刻收下這筆創業基金？這不但是違背我做事的原則，母親叮囑我的話語：「有本事，就要靠自己」，此時更沉重的在我心底迴響著。

於是我婉拒許先生的美意，他對我的知遇之情，點滴自在我心頭累積。我相信這小小的挫折，許先生絕對不會因一時的不如意而被擊倒，同樣的，我也不會因失去這個資助的機會而失志，世界何其寬廣，總有我未「開拓」之處等待著我前去墾荒。

果然還來不及收拾感傷的情緒，「達樂雕塑花園」的設計案幾乎是業主拱手送上門來，至今想來還頗富傳奇性。當初達樂花園的股東參觀過「亞哥」與「龍谷」，便相偕來找我設計，原來他們有一塊位於台北金山的土地，本是想日後蓋成別墅養老用的五十公頃土地，請我為他們設計成和

亞哥相同模樣的遊樂園。

我為他們喜歡亞哥的設計感到欣喜，也訝異他們願把養老用的土地移做他用，聽過他們的敘述後，我對這塊位於北海岸線旁的土地已有了初步的構想。我所設計的遊樂園，非常堅持原創性，我告訴他們其實可以做和亞哥不同的遊樂園，這下輪到他們驚訝了！為何不直接COPY亞哥？事情不是簡單輕鬆多了嗎？

我還是斷然地拒絕再做一個「亞哥」，我逐項的依照著氣候、地形、土壤的變化來說明，包括鹹濕的海風與落山焚風都必須一一考量，我耐心地解釋這些主觀因素的影響，所以我寧願推翻自己原有的創意。我想順其自然的環境，把名家的雕刻陳列其間，配合當地的地緣天候做個「自然雕刻花園」應是個不錯的點子，而這也將人類美藝與自然美景，做了一個絕佳的結合。

於是在與業主多方面評估，再赴歐洲、日本等地考察他國的雕刻花園後，我極力的說服他們做雕刻花園的好處，而且土地位處海岸，鹹濕的海

風正好為雕刻品催生天然的銅綠，使得花園內的雕塑擺設更具藝術氣質。經過多方溝通後，佔地三十萬平方公尺，排名世界第九座的戶外雕塑公園，眼看著就要拍板定案了。這時卻因雕刻家的作品蒐羅不易，而一些藝術家的臭脾氣，拒絕與他人一起陳列，開出天價般的雕塑品，使得達樂的股東們碰了一鼻子又一鼻子的灰。

達樂的藍圖怎雖已勾勒成章，箭在弦上，但眼見大家一籌莫展的模樣，我大膽提出了另一個建議或許可行？

我戰戰兢兢地說：「小弟對雕刻已摸索多年，也累積了一些作品，如果你們覺得滿意，就拿去用吧！」

「哇，這當然是最好不過了！設計師的作品一定不錯，不過，我們怎麼負擔得起費用？」股東們已被藝術品的無價嚇壞了，首要便是關心著價格問題。

「這個好商量，我只收材料費就好，成本夠了就行了。」

達樂的股東看過我的作品後，頻頻稱讚我的雕塑比起那些名家大作毫達樂雕刻花園作品「孕」。

達樂雕刻花園作品「揚帆」。

達樂雕刻花園作品「現代觀世音」。

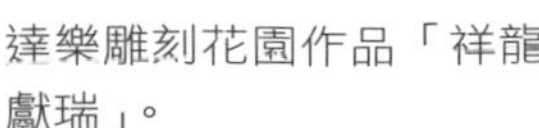
達樂雕刻花園作品「祥龍獻瑞」。

達樂雕刻花園作品「達樂神童」置立在入門處迎賓，也是達樂花園的幸運標誌。

達樂雕刻花園作品「群」。

達樂雕刻花園作品「飛翔」。

達樂雕刻花園作品「風向」。

達樂雕刻花園作品「海之生命」。

達樂雕刻花園園區景觀。

不遜色，爽快地一山手便買下三十件雕塑。這是除卻設計外，在雕塑領域上我第一次受到這麼強烈的肯定，我也相信結合雕塑的景觀花園，一定會為國內的造園史，留下一筆創新與深刻的紀錄。

「夢想與友愛」的精神，是我創作達樂雕塑花園的原創力。「人性與自然」的融合，是我設計達樂的思想。為使園內的景觀隨著春夏秋冬，陰晴風雨的變化，展現出不同景致的魅力。為營造這殊異的美感，將近四年的時間，佈置花園、陳列雕塑、美化造景。在自然與藝術兼容、雄奇與纖巧並蓄的精神下，我執著於整體性的規劃，高質感的品味，以國際觀的花園為經營理念，藉以提昇國人休閒的水準。

「達觀，歡樂」的花園裡，分佈著雕塑公園、紅磚花壇、曲型礦泉戲水池、遊樂區等，達樂的完成，對我而言一直存在著特殊的意涵，它是我第一個「雙效合一」的夢想。尤其當時我從未正式學過雕塑，達樂宛若是我的戶外展覽館般陳列著我的作品，讓我一向為生活奔波，不得不壓抑的那股藝術家的性格，在那一刻又豪邁得活躍起來。

現在回頭想想，許多事情初始我並沒有十足經驗，但由於業主充分的信任和肯定，以及自己不輕言放棄，勇於接受挑戰的個性，最後總能不負託望，逐步完成。而每一個案例成功的因素，我想，常常是來自於必須實現的壓力和願景，所有的經歷，也因為接受了，面對了，而能不斷的突破而UP上去。

例如在一九八六年設計台北玫瑰中國城的總體規劃，除了景觀設計更牽涉到社區統合的技巧，這便是因緣際會下的成績。當時玫瑰中國城的林老闆，在取得土地後欲建造成社區，卻因業者與居民各持己見，在溝通不良的情況下，居民們不但拉起布條抗爭，也使得營建計劃停滯不前，只得停擺下來。這時林老闆內心焦慮無比，於是他來到達樂花園紓解鬱結的情緒，意外的在這遠離塵囂且幽雅的環境裡，他漸漸的感到平靜許多。而林老闆突然福至心靈想到，如果玫瑰中國城也有這世外桃源般的設計，有誰還會拒絕居住於新社區呢？

於是林老闆立即與達樂花園的蔣董事長聯繫，在得知整座花園並非令

玫瑰中國城「中央公園」景觀雕塑作品「雲門」。

玫瑰中國城的景觀游泳池。

人咋舌的造價，他馬上就來我的工作室與我長談，並說明他目前的困境，他希望我能運用設計上的巧思，為玫瑰中國城再造新氣象。對我而言，玫瑰中國城已非純粹的設計案件，而是整個社區的總體營造，當時建商與居民的對峙日久，頗有一觸即發的態勢，這件設計案考驗著我的專業之外，是否有更多的可能性？這是林老闆找我承接「玫瑰」的另一層期望。

我幾乎未多加考慮，便接下這個燙手山芋，除了考驗自己，我還想超越自己，我想我一定可以搞定「它」。

首先我要消弭的，便是居民對新社區的敵視感。人，總是習慣安逸的一切，因為未知，所以難以認同不曾接觸的環境所帶來的恐懼感。我所提出的「新都心」計劃，即是構想社區必須要有活躍的「心臟」主體，社區居民才能動起來。於是我把社區的設計圖公開展示在居民集會的活動中心，以誠懇、開誠佈公的方式，說明建商確實十分用心地在打造著玫瑰中國城。

身為設計師的我，一回一回，不厭其煩地帶領居民，實地去參觀「亞

哥花園」和「達樂花園」，這些具體的成績，可以幫助他們建立粗略的概念，未來他們所居住的家，絕不會是水泥叢林，而是充滿自然美善的所在。

土地、建築空間，我都有十足的把握可以征服它，而人的思考邏輯，便是可貴在各其獨立，那是無法一言以敝之。雖然一次次的溝通與懇談，眼見居民大多已收起箭拔弩張的姿態，大家信任我，經過改頭換面的玫瑰中國城，未來它一定會是個美麗的社區。但無奈還是有些「死硬派」的居民高唱反調，其中最令人感到欣慰之處的是，這些始終持反對意見者，無論我怎樣費盡唇舌，皆不為所動；反而是由贊同我們理念的居民，主動前去說服他們。這就是完成玫瑰中國城的案例之後，為什麼這些回憶仍是縈繞在我的心頭，久久不去的原因。

9 夢想的故事

我本身並無政商背景當靠山，可以說是因他們的慧眼拔擢，造就我今日足以示人的成績，而與國、民兩黨共處的經驗，在我的空間夢想故事中，自然又留下了一筆深刻的痕跡。

我的客戶曾對我說過，每一次看到我的設計圖，就會有莫名其妙的興奮感。也有客戶感慨的對我說，我總是畫出了他們心中的夢想，那原本只是一種奢求，沒想到我卻令它成真。

在從事景觀設計的案件上，除了戶外空間及遊樂園，我也同時接室內設計的case，室內設計家居的空間和遼闊的戶外空間，是兩種捷然不同的設計理念。

當我在做室內設計時，宛如是個起居空間的心理醫生，因為我會同

「家」的主人、所有的成員不斷的談話，了解他們的生活型態，深入客戶的生活態度。利用顏色的調配，建材的質感來整合客戶交予我的空間，而這個空間的完成，將是他們健康的、休憩的、安逸的、每日期待歸返的家。

在不同的空間裡，都存有人類對它的期待與幻想，而我越來越相信既然選擇這為大地上粧的工作，自是盡力使它濃妝淡抹總相宜。這從無至有的累積與創造過程，無疑成為設計師和空間相繫編織出的夢想故事。

記得在一九八五與八六年時，旅遊局委託我去做茂林國家自然公園景觀的研究，當時我為了探勘茂林地區的鐘乳石資源，結結實實的把臺灣由南到北的地景做了徹底的研究。茂林的地勢極為驚險，相仿的深入蠻荒，竟讓我有昔日服兵役到大武山的錯覺，一樣是窒礙難行的山路，不同的是這次有原住民青年與我一塊披荊斬棘，這還真是錯綜複雜的感受。

這回茂林的探索之旅，意外的發現臺灣最大面積的鐘乳石區，而且是未經人為破壞的區域，這些石筍、石鐘質地堅美，洞穴中濕氣及水分合宜，造就了仍在生長的「活鐘乳石」。於是我做了厚厚一疊的研究報告，

建議官方保留開發此區，不但要注意生態平衡，也不要破壞一草一木，這才可以完整地把臺灣的地質變化保留下來。不過這分報告卻掀起了軒然大波，當時有一些負有盛名的地質學家、景觀學者頗有微辭，認為我簡直是撈過界嘛！但我不以為意，因為我覺得國家自然公園，本來就是要保持自然原貌才好。

儘管我的堅持引來某些不必要的「樹敵」，卻仍有人也認同我的理念，例如當時台灣大學的地質學教授王鑫教授，就曾讚賞我不媚俗的勇氣，他說我有異於常人的膽識，敢入無人之境，是真正用生命在做事的人。這樣的讚美倍增我的使命感，當景觀設計碰上自然資源時，大自然所給予我的震撼是無與倫比的，我只知道自然孕育而成的珍貴資源甚為脆弱，一旦遭受破壞，將永遠無法彌補。適當的保育措施，再發展成觀光資源，才能收以生態教育之效，全世界所有進步文明的國家政策，均將環境保育列為優先重要的一項，敬畏天地，與大自然相互共存。若能以此為前提，茂林這塊上天恩賜的處女地，才得以開發其價值。

其實茂林的研究案，讓我對景觀設計的涵蓋範圍，有了更深刻的體認，所謂得失互見，我卻覺得我所獲得的經驗價值是無法估計的。

茂林國家自然公園，在當時擔任旅遊局長的林基王先生認同信任下，終於能在開發觀光的同時，也保有它的原始風貌，其後續工程，至今仍在進行中，而那一段餐風露宿，深入地心般的鐘乳石驚豔之旅，在我的景觀設計紀錄上，又添上一筆難以抹滅的回憶。

不同的「空間之戀」，我所投注的情感卻是深淺一致的，不分先來後到，不以設計費的多寡來評判它的外表，每個經手的空間都會要求兼顧內外均美。無論案子大小，也皆以平常心看待，力求每個空間展現出獨特的風格，散發其個別的生命魅力。例如新近一個珠寶店面的設計案，雖受限於業主的裝潢費用預算，我仍不減熱情，用心投入。首先我認為店面中所擺放的商品櫃是空間的重點所在，所以我在擺飾櫃底部設計裝配燈光，當燈光打在銀白色地面大理石建材上時，馬上營造出雲霧波動的感覺，而顧客一踏進店裡，不就有踩在雲端般如夢的感受了嗎！

創意與空間交纏的故事，一直是我的生活重心，這其中有意氣風發的勝仗，也有令人氣餒的故事結局。唯一最令我遺憾的case，是在一九八一年時七百八十公頃的小琉球島的規劃，想想看當年亞哥花園僅佔地五十公頃，所以小琉球的整體規劃做來格外辛苦，數次的探勘都要從台中搭火車到高雄，再轉搭客運車到東港，然後再搭船到小琉球島上，把握短暫的時間探勘，再搭下午四點最後一班船離開。

如此辛苦的舟車勞頓，最後卻成一場空，只因我把小琉球規劃成臺灣的拉斯維加斯，一座離島賭城樂園，在那台灣政治未解嚴的年代，這樣的想法及前瞻性的作法是不被接受的。所以小琉球案算是我緣盡情未了，留給我無盡唏噓的空間之戀了。

另外一段「三黨共合」的空間故事，則是在我的景觀設計之路上，分別留下深刻的烙印，良好的互動關係，除了衍生頻頻合作的機緣之外；我從小有名氣的設計師，至忝稱為景觀設計大師，他們可說都是即時拉我一把的貴人。

這三位都是叱吒風雲的政治人物，當我與他們同一時期合作時，絲毫感受不到他們問政時咄咄逼人的銳氣，有的只是尊重並信任專業的氣度。他們是曾任南投縣縣長和高雄市市長的吳敦義先生（國民黨員），及曾任高雄縣縣長的余陳月瑛（民進黨員）女士，還有我在一九九四年參加中國大陸溫州市地標設計，以「物華天寶」獲得第一名的殊榮，在大陸施工時給予我一切支持與配合的溫州市長陳文憲先生（共產黨員）。

透過我的專業為他人圓夢，對我而言，似乎是輕如鴻毛的揮舞成篇，而往昔，他人為我圓夢的淵源，卻令我有重於泰山的感動。

記得吳敦義先生於南投縣任縣長時，我恰好在南投設計天仁茶園，因此我們僅止於一面之緣的印象。後來吳敦義先生高升高雄市市長，我與吳先生表面上似乎更不可能有交集了，但禮貌上我還是寫了張卡片予他，以示恭賀之意。可是就在吳市長上任之初，前一任市長任內所建造的市政大樓卻出現了棘手的狀況，因為市政大樓的景觀及其他內部工程一直未完成，也無法驗收，吳市長便親自打電話給我，問我是否能幫忙解決這燃眉

之急。

吳市長上任在即，必須立即展開市府團隊的運作，這些難題卻只能給我一個月的時間解決，而且市長希望能先看我的簡報，才能決定是否採用我的設計。除了這個設計案附帶的但書，即是吳市長並未確定一定讓我來做市府的設計。但我為吳市長此次付託重任，便是信任我有足夠的能力，素昧平生，我對吳市長的知遇之恩，只有一句話「士為知己者死」。以往我都是以設計遊樂園和建設公司、私人財團之景觀規劃設計為主，第一次設計政府機關的景觀，實是一種挑戰，而且必須在限定的時間內完成，更是一大考驗。

短時間內整理好自己的思緒，加上高雄市府給予的都市計劃報告書、地方誌等參考資料，我在一星期內就提出一套完整的高雄市政府的景觀設計案，包括市徽、市府CIS辨識系統、市府外圍道路景觀一併包括在內。當我面對市長及市府各處室做完設計簡報時，整個會議室響起了如雷的掌聲，吳市長對我說他真的很感動，想不到我的設計案不只針對市政大樓，

高雄市政府景觀雕塑作品「揚帆」。

高雄市政府景觀一角。

高雄市博愛環保公園地標景觀雕塑「保護地球資源」。

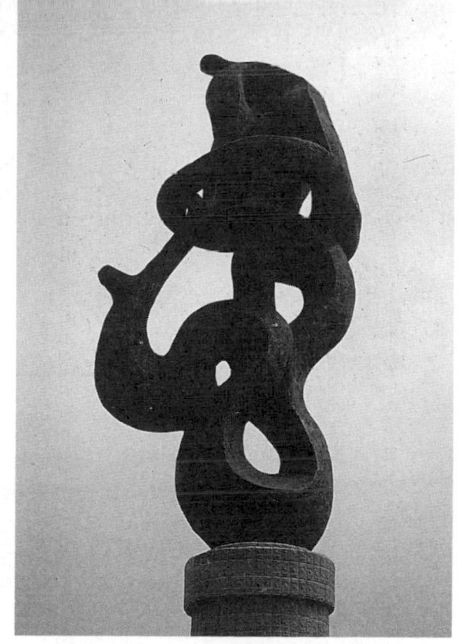

高雄市中央公園地標景觀雕塑作品「協力」。

小至信封、信紙、名片，還連高雄市國際大港的形象規劃都包括在內了。吳市長興奮得馬上召開記者會，公佈市政大樓的藍圖，那時吳市長才剛上任不到三個禮拜，無形中這成為吳市長優越領先的政績寫下亮麗的一筆。

知道自己確定要執行這個企劃案，一方面以往純粹是從事遊樂園設計，第一次承接公共工程，對於官場中的酬酢不免心生排斥。雖然我的設計費，市府是按照公訂價格支付，但我為避免不必要的麻煩，事先就開門見山地和市長說：「市長，我知道你很清廉，將來我設計監造時，如果這有府官員要我請客、送紅包，我可不會，這點要先講清楚。」

市長一聽，馬上和我打包票說：「我做市長，沒有人敢這麼做啦！你絕對可以放心。」

這次卯足全力的演出，在吳市長的充分授權下，高雄市果然成為全省第一個擁有自己標誌的都市。而我自己更是信心大增，開闢了遊樂園之外的景觀設計領域，並發現自己在辦公大樓及其它的空間設計，也一樣游刃有餘。

因為高雄市政府成功的打造成海洋城市的經驗，市府團隊進駐後，士氣為之大振，後來我又接續完成高雄市博愛路環保公園、高雄市中正路二十七號公園、高雄縣市二二八紀念公園中央廣場、桃園縣蘆竹鄉的國門景觀設計。

說到二二八紀念公園，那一年設立的二二八紀念公園，台北是位於新公園，而政府為平衡南北，也決定在反對黨執政的大縣──高雄縣，建造二二八和平公園。在高雄縣約有一萬餘坪的土地，準備公開徵求地標，當時我正在高雄市設計市府大樓景觀，得知這個消息我自然也去參加，但對得獎與否，心態是坦然的，一方面因為自己沒有任何政治背景，況且這是民進黨的徵選，或許這是我個人先入為主的觀念吧！但說實在我所設計的作品不以悲情為訴求取向，我的作品強調的是五族共和、生命共同體，表面看來或者這根本是不符合主題意識的。

作品寄出後，剛好市府的設計工作已告一段落，我放逐自己赴歐洲旅遊，沒想到在旅遊途中，我就接到電話通知進入決選的消息，必須趕緊回臺灣做模型、做簡報。

後來這個作品能夠獲首獎，余陳月瑛縣長告訴我，正是因我的作品是參賽者中唯一不悲情的設計，這符合了主辦單位的訴求。而我也趁著二二八和平公園啟用時，向二二八事件受難家屬說明我的設計理念，所謂「和平圓融」，我希望族群間遺忘過去悲慟的種種，未來的每一個旭日與夕沉，都是祥和無爭的歲月。

除二二八和平公園，余陳縣長接續又放手讓我設計高雄縣的四座公園，在工程籌備期間，她待我有如慈愛的長者，這麼說真是一點也不為過，每回與她溝通時，她完全沒有問政時犀利的模樣，總是溫和地詢問著我有沒有須要她幫忙之處。

或許這是一般人對政治人物的刻板印象，但當我與吳敦義先生和余陳月瑛女士共事期間，我感受到的卻是謙恭的態度、毫無官架。我本身並無政商背景當靠山，可以說是因他們的慧眼拔擢，造就我今日足以示人的成績，而與國、民兩黨執政者共處的經驗，在我的空間夢想故事中，自然又

留下了一令人雀躍的一頁記錄史，也讓我對檯面上的政治人物，私下真誠可敬的一面，始終感動與感念深刻。

10 夢想的頂端

只有我一人不是大老闆。雖然和他們站在一塊兒或許有些突兀，但我告訴自己，我可是一位景觀設計與景觀藝術創作的專家。就如同評審的結語，我是一位「價值的創造者」。

一九九四年中國大陸溫州市地標的設計是一項國際性的競賽，這一次比賽對我而言，不僅是自我的超越，如果能獲得殊榮，更象徵著我的腳步不再只是停留在這蕞爾小島上。我的每一個夢想，都是在順其自然的情況下成型，並非刻意的去佈署著生命中的每一顆棋子。若是我刻意求工，這汲汲營營的態度和我的事業精神是不相符的。

於是夢想，就像上尖下廣的金字塔一般逐步推進，這也是我始料未及的。溫州地標的設計競賽，正位於金字塔的頂端，這也考驗著我是否有攀

登的實力，所以我很認真的花了整整三個月的時間來準備。

當我寄出精心繪製的平面圖、立面圖及透視圖，還有厚厚一疊企劃說明，我的心是顫動而略帶些惶恐的，因為這航空包裹帶著我所有的希望飄洋過海而去，雖然我人尚在台灣，一顆心已折疊在包裹裡，隨著飛過海峽的那一邊。

不可諱言，我對這次的參賽十分在乎，我所構思的這座景觀雕塑，高達四十八公尺，地面直徑六十公尺，擬用高強網架做骨架，不銹鋼的外型所構築而成的鋼鐵巨人……這費盡巧思的傑作，在圖稿完成的一剎那間，我的精神狀態是亢奮的，但矛盾的是第一次參與國際競圖的我，心情卻又如此忐忑難安。

五個月後，我定名為「溫州新紀元，物華天寶興」的設計，不負所望為我贏得了第一名。我收到溫州市府的傳真通知時，簡直無法相信，我的地標雕塑竟可登上國際舞台，頓時，喜悅織成的大網像把我拋到半空中似的，我只覺得飄飄然浮游著，好像是虛幻的，但手上傳真的字跡卻又那麼真實的存在。

歡欣過後，我立即整裝，帶著準備好的資料，奔赴中國大陸溫州，與主辦單位研究施工細節。我是那麼衷心期盼著大陸此行，希望在我親自監造下，不多時就能目睹「物華天寶」，會昂然矗立在溫州機場大道上。

而滿心的期待，飛過海峽之後卻轉眼生變。我一到溫州市府機構，他們隨即告知我，如果能把建造的機會讓給第二名較好。這是什麼邏輯？第一名竟得自動讓位，我實在不懂其語焉不詳的「說法」？

依照我的個性，自然要打破砂鍋問到底。結果是因為溫州國際機場必須如期在隔年元月啟用，此次的地標競圖便是為了配合機場啟用所舉辦，算算時間已非常緊迫，最慢得在年底完工，那麼施工期間就要壓縮在四個月內完成，主辦單位認為以我複雜龐大的設計，絕對是無法如期完工的。

一聽到四個月的施工期限，老實說我也沁出了渾身冷汗，我仔細的盤算著實際施工與建照取得的時間，或許這對他們來說是不可能的任務，不過我是非常不願意就這樣妥協的。主辦單位見我躊躇的模樣，又不停的遊

說我，一會兒說大陸方面沒人會做這種工程，工人不好找，建材的取得更是一大難題，最後索性叫我放棄施工，就捧著獎金回台灣就好。

面對溫州市府的壓力，一時之間腦海裡迅速地轉了好幾個念頭。一是，若是我執意不顧一切的施工，屆時真的無法如期完成，豈不是使得我的顏面盡失；再則，若是我就此放棄，難道是宣布朱魯青就只會畫一流的設計圖，卻沒有讓設計圖成真的本事？

我按捺住內心的波濤起伏，在下最後決定之前，我要求主辦單位是否能讓我看看第二、三名的作品，待我仔細的看過其他的作品之後，才赫然發覺我的「物華天寶」在百家爭鳴中要脫穎而出，實為不易。在一千多件的甄選作品中，經過初審、複審、決審的考驗不說，進入決選的六件作品，其中有五件還是大陸著名藝術學院的集體創作。而我的作品人單勢薄，即使在得獎之前的展示說明會，我並未到場向評審做簡報，我的設計圖就這樣孤單的掛在牆上任人品頭論足，「物華天寶」仍然一舉奪得勝利。而評審的評語是：「這完全吻合了溫州的現實與夢想。」

想到這裡，我再度燃起面對困難的勇氣，如果就這樣打道回府，連我自己都無法原諒自己。當我對溫州市府表明，就算我不要獎金，也非得把「物華天寶」如期完成，請他們放心。這時大概全場的人，都為我這傲狂的決定所震撼，他們對這怪異的台灣設計師的舉動難以費解，就連台灣那些和我在工作上密切往來的好友們，也紛紛勸我打退堂鼓。或者是因我這拗脾氣，即便是明知山有虎，我卻偏向虎山行，況且我始終覺得「物華天寶」是「值得」我為它承諾的藝術表現。

工程即將如火如荼的展開，刻不容緩的施工期限，更像一股巨大的壓力催促著我，我心想既然決定要做，就做得漂亮一點吧！讓大陸同胞瞧瞧景觀大師的魄力。說也奇怪，在如此緊急的時刻，我竟像孩子似的，只想讓夢想成真。

隨即在幾週內，我就搞定了一組來自「五湖四海」的施工班底。包括有江蘇徐州的公司負責結構物主體，河北天津研究院專司結構設計，四川重慶的打樁工人，這些還只是一小部分。「物華天寶」所需的各項材質更

是「南北大會串」，廣西的花崗岩，溫州當地的園藝樹木，瀋陽機場以製造飛機外殼鉚釘方式製造的金屬外殼，大連工廠的音樂噴泉，上海菲利浦總公司高難度施作的燈光照明……等。

一時間，溫州地標的施工預定地現場，充斥著各省口音、衣著殊異的工作人員，真正辛苦的不是工作本身，我這才了解，原來如何組織與統合這些人的觀念和步調，是最困難的一環，難怪當初會有那麼多勸退聲浪。

幾乎每天在工地，我都會聽到有人疲憊不堪地大喊「我不幹了！」我在心裡苦笑著，你們可真是說出我的心聲，但是可不能說不幹就不幹啊！在與台灣溫差極大的溫州市，水土不服的我極能體會，來自四處的工作人員一定和我一樣撐著不適的身體趕工。我盡量在他們之間扮演好潤滑的角色，為他們的心理做調適，畢竟他們此時都是我的得力助手，我可不能少了他們當中的任何一位。

一九九六年元月八日，「物華天寶」終於排除萬難的正式完工，在溫州國際機場新城廣場拔地而起。結合了鈦合金、燈光效果、水舞噴泉的景

1996年溫州地標「物寶天華」光彩絢爛的夜景照片，在夜幕中，有如一座時空之塔，美如幻境。

觀雕塑，燈光啟動的那一瞬間，音樂隨之響徹雲霄，巍峨的成果呈現在溫州市民面前，真不敢相信這浩大工程僅僅花了一百二十天的工作進度，目睹這得來不易的成果，全體工作人員頓覺一切的辛勞與汗水，在這一刻彷彿都值得了。

「物華天寶」上端的星球造型，是象徵著走向世界邁入二十一世紀的溫州，將成為國際化港口大都市的一顆明珠。頂部模擬太空的無限電波塔、導航塔、風向球，象徵著溫州人民在資訊、科技、工商文明，將不斷的往上攀登，發揮溫州無比的潛力。「物華天寶」為溫州感染了前所未有的城市景觀的氣質，也提昇了市民們迫切追求生活品質的想法。溫州市的城市建設因這座景觀雕塑的實現，將加速東移，對新市政的開發、市區的繁榮皆產生了莫大的影響。（後來市政府決定遷至地標鄰近）

總之，「物華天寶」的成功並非一蹴可及的，除了是一場與毅力拔河的競技之外，在施工期間溫州市長陳文憲先生所給予的協助，更令我銘感五內。還有因這個案子曾經合作的伙伴們，相信大家都已拋棄了五湖四海

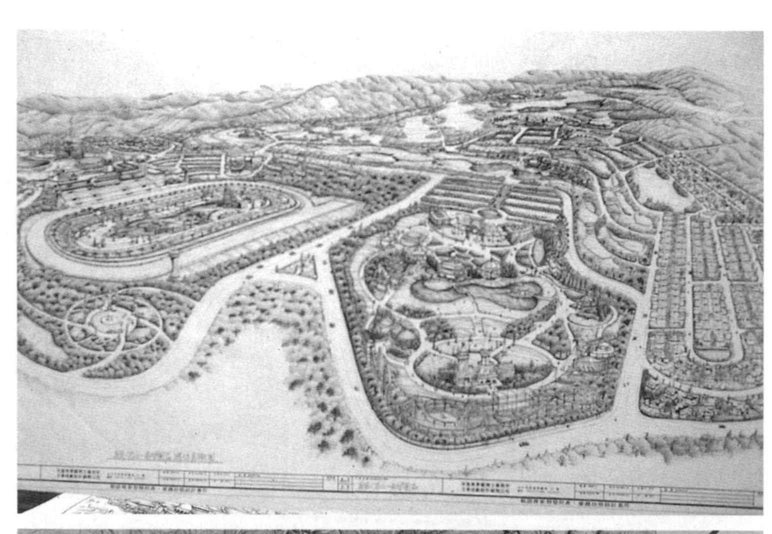

福州馬尾希望樂園（佔地1000公頃）的設計圖。

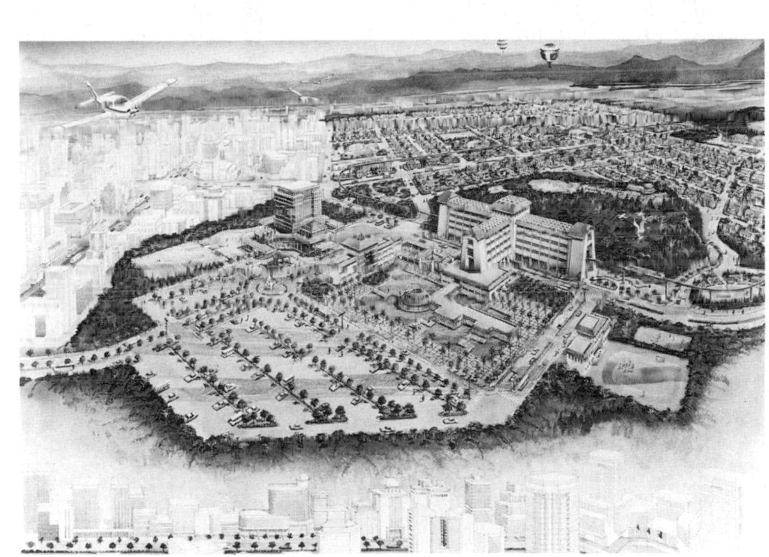

福州全球渡假村（佔地250公頃）的設計圖。

「省籍情結」。我的每一個案例，都包含著多少人、事、物的賣力演出，這一分革命情感，真是筆墨難以形容的。

基於這次與溫州主辦單位合作愉快，目前我正在進行面積達一千多公頃的「馬尾希望樂園」設計，這是為配合大陸發展休閒觀光產業，由福州經濟技術開發區管委會所委託設計，希望能以完善的通盤規劃，提昇馬尾「希望樂園」的吸引力與多元化趣味，使遊客留連忘返，成為神州旅遊必經之地。設計遊樂園這是我的老本行了，所以這回「希望樂園」的設計推展進度更加得心順手。

溫州地標的得獎與完工，爾後也成為我獲得一九九六年年度十大傑出風雲人物的主要事績，當時獲選的其他九位，均是年營業額百億以上的大企業家，如美商嬌生企業、美商紐約人壽、三陽汽車……只有我一人不是大老闆。雖然和他們站在一塊兒或許有些突兀，但我告訴自己，我可是一位景觀設計與景觀藝術創作的專家。就如同評審的結語，我是一位「價值的創造者」。

一路走來，我的夢想，乍看之下好像已經到達顛峰，但是山頂暢快的好風似乎正在殷殷提醒著我，在享受汗水粹取出的喜悅之餘，別忘了歷經的阻礙，與感謝所有幫助過我的人。

PART 3 美麗人生

築夢大地

11 夢想與現實

在生活或工作中隨意修行，是我這近年來體會出的心得，所以我經常在設計的辦公大樓中，堅持業者必須另闢一禪修空間，供員工在繁忙的工作中沉潛靜坐；對業者來說，這不僅是有形的投資，日積月累也會是無形的資產。

有內涵的設計和有外表的設計，對我來說是截然不同的感知，我當然是傾向前者，而不是像一般設計只是不停的表現著造型的外表。尤其當我深刻的了解環境景觀，對所觀看者的確具有潛移默化的力量時，無形中，我對自己的工作更有使命感。所以換句話說，我的設計理念外在是多變的，內涵與精神上卻有一致性，尤其我希望經由我設計的景觀作品，能讓觀看的人得到一種心靈上的沉澱。

我的設計觀及發想，絕大部分是由近年來自己修禪之後有所體悟，由此體認到景觀設計的精神，並非是層層疊疊人工堆砌而成的空間，應該是遵循自然的，以「天地與我同根，萬物與我一體」之胸懷，來觀想景物所要傳遞的訊息。

所以「敬天、護土、愛人」，這六字真言，幾乎可以概括說明我的作品精神，例如在景觀設計時所需的樹木土石，我堅持一定要用原生植物、原生石，我相信即使是樹木，也有它的生存價值。

再則，若要談到和設計空間的連結，我相信的因緣是前一秒與後一秒的因果變化，而非所謂的前世今生來世。因此在我所設計的作品中，廟宇的設計正是因緣際會下的牽引。例如我在一九九六年設計過澳洲的南山寺（佛光山）的景觀，與星雲大師的因緣，是由於我曾設計過日月光集團的伯爵山莊，經過日月光董事長的介紹，輾轉有了參與設計南天寺景觀與靈巖山寺的機會，透過設計澳洲的靈巖山寺再與妙蓮老和尚結緣。

設計南天寺景觀之前，我僅設計過南投縣的一個小喇嘛廟，其實嚴格

來說，對於廟宇設計我並不拿手。但這一切的發生，就是如此自然，人、時、事、地、物這些環環相扣的元素，累積出日後我在設計理念上的轉變，繫起日後我在雕塑上另一層的體悟。而設計佛寺的過程，使我除了設計本身之外，在作品裡又衍生出另一段玄妙的故事，彷彿是佛家常說的那句話「冥冥中自有天意」。

當時我正在澳洲攻讀景觀雕塑博士，雖是研修也不忘工作，所以趁地利之便，接下南天寺景觀設計的case，或許自己一向都是個閒不下來的人吧！

南天寺占地二十公頃，我創作的理念是在庭園中呈現人間百態，所以我設計了五百尊石雕羅漢座落在森林道場、石碑林中，有天晚上我正在畫彩色透視圖時，突然想起既然圖稿進行得如此順利，隔天應該把設計圖交予大力協助興建南天寺的寸女士指教才是。

有一句俚語說，「吃水果，拜樹頭」，寸女士當時大力協助佛光山，在海外興建華僑心靈寄託的所在，所以我心想要是寸女士得知景觀設計圖

已完成，不知有多欣喜。

隔天我便立即去拜訪寸女士，她看過之後十分激賞，她說自己還有另一塊地，就位於南天寺預定地往南的貝殼港市，想請我一起去看看如何設計。我到那兒一看，那塊地足足有五個亞哥花園那麼大，也就是說占地一百五十公頃。因為專業使然，我對風水地理略有涉獵，就下意識和寸女士說：「哇，您這塊地左青龍，右白虎，前朱雀，後玄武，不但背有靠山而且遠眺太平洋，這塊地是難得的福地呢，只有您一個人用太可惜了，給眾人分享多好，最好拿來蓋廟。」

寸女士聽我說完後，只是微笑著並未表示什麼，我站在曠野中開始憑空比劃起心裡的藍圖，這邊蓋觀世音殿，那裡蓋地藏菩薩殿……寸女士對我的提議也很歡喜，她說會保留我的意見，慎重考慮，或許真可以蓋佛寺。我們相談甚歡，而且南天寺也有許多細節未研究，便一起回到她家。但寸女士一回到家，她不知怎麼地就去翻閱黃曆，然後就喜悅的對我說：「太妙了！真是太不可思議了，今天是觀世音成道日，我又剛好帶你去看那塊地，其實我坦白告訴你，這地是妙蓮老和尚的地，準備用來蓋靈巖山寺，但是卻一直找不到合適的設計師。」

聽完寸女士的話，我還是一頭霧水，一方面也覺得這件事似乎太玄了。正當我丈二金剛摸不著頭緒時，寸女士再進一步說明著，其實當我給她看南天寺的地圖時，她心裡就有譜了。寸女士興奮的娓娓道出整件事情的始末。

「當時妙蓮老和尚買下這塊地，便是準備蓋廟用的，但老和尚卻一直堅持一定要在澳洲找人設計，我苦口婆心的和老和尚說，澳洲怎麼可能有人會設計廟宇呢？應該由臺灣當地找尋設計師才是；可是老和尚一連和我提了三次，一定是從澳洲著手，聽他的準沒錯。更妙的是，前兩天妙蓮老和尚才由澳洲返台，又一次的叮囑我，過兩天就可以找到合適的人選。你說，這是不是註定你該來設計靈巖山寺。」

寸女士見我半信半疑的模樣，就立即撥電話回臺灣給妙蓮老和尚，難掩欣喜的在電話中說：「老和尚，我現在才明白您所說的話，您要我找的

人，我想是找著了。我剛剛帶他去山上看地，他所說的神殿配置方位，居然和你說的相同哩！」

「對呀，就是他，找他設計就對了。他可是大菩薩，你們要好好善待他喔。」妙蓮老和尚笑嘻嘻地回答著。

哇，我在一旁聽見這樣的電話內容，只覺得頭皮發麻。在這之前，我與寸女士僅只於數面之緣，與妙蓮老和尚更是從未謀面，事情發展至此，莫非就是佛法中所云：「凡事自有定數」。

一會兒，寸女士示意我接過話筒，妙蓮老和尚想和我說話。

「大菩薩，要請你多幫忙了。」老和尚敦厚慈藹的聲音在耳際響起。

我想也沒想，便回答說：「我不行的啦，我還在進修。」

「這沒有抵觸呀，設計靈巖山寺可是你最大的福報呢！」

當初設計南天寺，佛光山準備了許多資料可供參閱，但是設計靈巖山寺卻是無任何軌跡所尋，何況寺廟設計本非擅長，再加上來澳洲主要目的是要進修，實在不宜再接工作，雖然老和尚的盛情難卻，我仍在心中打量著該如何委婉的拒絕才好？

「可不可以讓我先思考個兩三天，再給您答覆。」

但妙蓮老和尚似乎已讀到我的心思，他老僧入定的說：「這可是觀世音菩薩要你設計的，你一定可以做到的。」

我一聽老和尚如此抬舉我，實在不知如何是好？當下毅然地拒絕，好像也太不近情理，而面對一代宗師的贊許，心中的驚恐實在難以言喻。

「那……是不是可以請老和尚開示。」

「不必開示了，你前世就是大菩薩，就當做你自己要住的啊！肯定就是你啦，不必考慮了。」

沒想到就在通話的當天晚上，我也不知自己怎麼地特別的文思泉湧，立即著手寫了一分二十餘頁的paper work。在計劃書中我思考著有關叢林修行的構圖，我要的是銅製的屋瓦，有別一般寺廟的琉璃瓦，我希望道場中的樑柱完全取自於澳洲的建材、原生植物，整座廟宇建築在蓮花池上，廟內流通著自然的和風，不裝設空調……此時我腦海中一連串思索的藍

圖，恍惚之中，我真以為我在設計自己所居住的處所，自由的思緒全無罣礙。

隔天我把企劃書給寸女士看過之後，當下我們便決定一頁頁傳真回台灣給妙蓮老和尚過目。我心想老和尚若是同意我初步的構想，就繼續往後的動作，若是他不喜歡這樣的設計，也可另請高明，我也趁早放下心上這顆大石頭。

我在越洋電話中，謙遜地說：「很抱歉，老和尚，昨天和您談過之後，我想了又想。或許我太急躁了，昨晚就信口開河的寫了這份企劃書，不知老和尚覺得還可以嗎？」

「你想得比我好呀，還要我說什麼呢？」

「哪裡，哪裡。請老和尚多指示。」

「很好哇，你的構想很好，就照你的意思做就好。」

當時老和尚住在埔里，有眾多虔誠的信徒，總是絡繹不絕等著老和尚的開示，只要分得老和尚片刻的開示恩被即欣喜若狂。而我自從那次通話過後，卻可以隨興的常常和他以越洋電話長談。於是我很認真的思考靈巖山寺的設計案，而當初的諸多考慮、堅持，就逐漸在與妙蓮老和尚的交談中化為肯定的力量。但我決定在正式設計之前，還是先回臺灣見老和尚一面，因為真正的設計並非憑空揣測就能產生，我希望能全盤了解靈巖山寺的由來、歷史，以及妙蓮老和尚的想法，而且我打算先向學校請假兩個月到中國大陸去尋訪一些名山古剎。

既然敲定了靈巖山寺的設計案，同時間我也提了博士論文，但我的指導教授伯特先生看過我的論文大綱後，卻告訴我他不能再指導我了！因為他覺得在景觀雕塑中，我所流露的中國儒道佛思想、強調的圓融風格，是他所不及，這是他想與我切磋之處。伯特先生更直接和校長說，既然他不能再指導我了，他的薪資也不要了，他想和我做很棒的朋友，互相交流分享，這是他的由衷之言。

伯特先生是澳洲國寶級的景觀雕塑大師，由他的口中得到如此讚揚之詞，我實在是愧不敢當。回想當初伯特先生還不肯收我這個學生的情景，

獲澳洲臥龍崗大學訪問學者聘書，與校長、院長合影。

與澳洲雕塑大師Bert、義大利藝術大師Lin合影。

好像還是昨日的時光般一一回復眼前，或許這就是民族性殊異之別，若你想得到中國人發自肺腑的讚許，那太陽可真會打西邊出來吧。

對於伯特先生請辭，令臥龍崗大學傷透了腦筋，因為我的博士研究三年半的期限尚未結束，礙於學制的規定又找不到合適的老師來指導我。後來校長評估我的學習情況，他覺得既然伯特先生非常肯定我在景觀設計方面的才華，不如就在這期間擔任學校的客座教授。原本要來攻讀博士學位的我，居然博士還未到手，就成了台灣第一位在澳洲臥龍崗大學的學術講座學者（Fellowship），這真是我始料未及的結果。自始至終學校一直十分的禮遇我，所以我也欣然的接受學校的安排，而且後來我向學校提出是否可以與台灣的嶺東技術學院締結姐妹校，臥龍崗大學校長居然也一口答應，於是堂堂澳洲首屈一指的大學與臺灣學校的結盟，又在我的求學史中寫下新奇的一頁。

順利解決進修問題後，我立即向學校請了兩個月的假前往大陸考察寺廟。一到大陸，按照我心中的佛寺導覽地圖先往西安前進，因為西安正是

大陸的佛教重鎮。那時在西安市附近的扶風鎮，恰好發現了釋迦牟尼佛的手指舍利子（也稱為佛骨欲），當時我人就在西安，自然不會放過這個大好機會，便前往扶風縣的法崇寺去一窺奧妙，一方面領略著法崇寺的唐式建築之美，也體會著佛教由此開啟的淵源。

佛寺導覽地圖繼續推進著，寧波天童寺是把佛教的經典傳至日本的一把重要的Key，自然不能錯過。當然我也造訪了蘇州的靈巖山寺，這是此行的重點所在，任何與靈巖山寺有關的故事、傳說，我都一一的拾掇著。當我面臨一個陌生的Case時，蒐集資料是最基本的功夫，不只是走馬看花的兜逛一圈，這些探勘都是日後能量的累積。

在大陸看過這些寺廟，心中也逐步構思著澳洲靈巖山寺的藍圖，回來臺灣之後我花了四十多天的時間便畫好了設計圖，然後再請妙蓮老和尚定奪，沒想到老和尚一筆未改，就說他完全同意按照我的計劃施工。宗教殿堂之落成時，非我一人之力，它便能巍然矗立，只因有幸我是那雙曾經推動它的手，於是我懂得了感恩，感恩於小我的力量必須學會付出之後，才

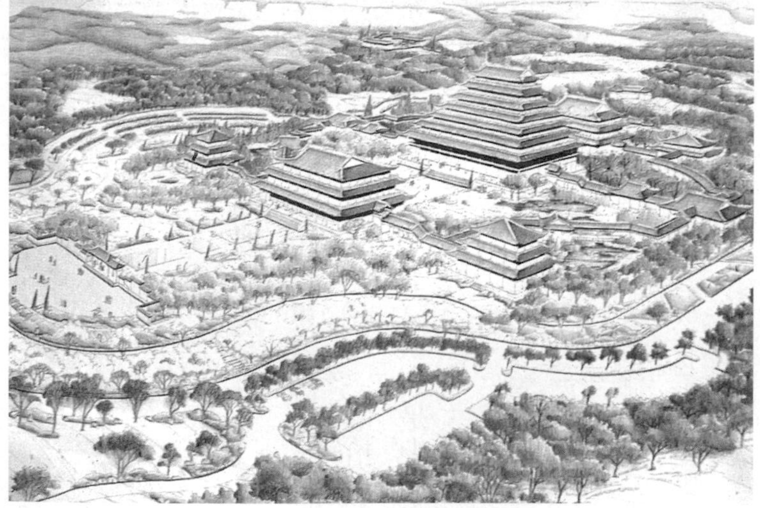

澳洲貝殼港市靈巖山寺（佔地150公頃）設計圖。

與靈巖山寺的妙蓮老和尚在澳洲建廟基地勘景。

作建廟簡報時與貝殼港市市長合影。

是大愛的點滴泉源。為紀念與妙蓮老和尚這分難得的因緣，而我也體會出人生無處不修行的道理，所以慨然分文不取，把南天寺及靈巖山寺的設計當作是紅塵道場的福分，無我無悔的奉獻。

結束澳洲的研修後，我馬上整裝回臺灣，一回到臺灣當然是迫不及待地再去拜訪妙蓮老和尚。與老和尚的談話，接受他的點撥，心胸立即豁然開朗，因工作的緣故而結識老和尚，實是我人生中奇妙的際遇。

因為從事景觀設計工作的關係，我覺得冥冥之中大自然的主宰者：天地、山神，我們都應該去尊敬祂。設計靈巖山寺的機緣，讓我感受到每個宗教雖屬性不同，但在了解的過程裡，無形中放下了自己的主觀，那也是一種成長，所以這幾年之間，我先後皈依了妙蓮老和尚、普獻老和尚，他們心靈相通似地給了我同一個法號「慧觀」。這是個令人心喜的緣分，而我也把每個宗教，都當做一門哲學與內修功課來親近它，所以我皈依佛教的態度非常輕鬆自然。

佛在心中，方寸紅塵之間即是最好的道場，實踐生活禪反而是最快意

的「人間菩薩」，在生活上就要像個菩薩，而不是進了廟宇才談修行。在生活或工作中隨意修行，是我這近年來體會出的心得，所以我經常在設計的辦公的大樓中，堅持業者必須另闢一禪修空間，供員工在繁忙的工作中沉潛靜坐；對業者來說，這不僅是有形的投資，日積月累也會是無形的資產。

從事景觀設計工作三十餘年，常常覺得自己不但是得審慎造化空間，還得不停的和時間競走。例如茂林的開發計劃現今只完成了一半左右，大約還要經過二十年才能全部完成，而靈巖山寺的建設，預估更需耗時三十年左右才能完成。所以我現在所設計的作品，仍在與往昔的作品相互呼應著，這更堅定原創的理念，同時也挑戰全新的事物。

在我的景觀世界裡，每每把一塊荒地，規劃成人們可以實現夢想的地方，是一種很大的滿足。這種西部拓荒的精神，渾然一體的在我血液裡流動著，彷彿與生俱來。而我深信自己與空間纏綿的故事，將永遠蔓延，我，樂此不疲！

12 真心植夢

我從不把孩子當做是個人的資產，若是他日孩子能有傲人的成就，那他首先要學會感謝，感謝太平盛世，感謝國家社會，然後懂得回饋。擁有一顆感恩惜福的心，生命的能量將會源源不絕。

近來，看過一部義大利電影「美麗人生」（Life is Beautiful），從沒有一部電影令我如此印象深刻，片中義大利小鎮的無名小卒，永不停息的追尋夢想，也竭盡所能的發揮充分的想像力，他視世界猶如一座大型遊樂場，生存是其中一項猜獎遊戲，讓一切看起來好過些，他以異常樂觀的態度，伴著家人撐過悲慘的集中營生活。他等待著烏雲散去，等待著下一個美麗人生。最後雖然難逃厄運，在黑暗結束的前一刻，命喪納粹槍口下，卻給家人留下了一個珍貴的大獎——愛與生存，十分令人動容，彷彿直接翻撥我一段段行來的心路歷程。

自導自演的羅貝多貝里尼，嘗試以喜劇的角度，來演譯悲苦的人生，甚至當他以此片獲得奧斯卡最佳男主角和最佳外語片時，他感性地表示自己能有此成就，最要感謝父親給予他貧窮的體驗，讓他有此歷練而成就自己的美麗人生。

由觀看「美麗人生」這部片子，對映著自己曾走過的風雨歲月，幾乎我也想如同羅貝多貝里尼一般真誠的訴說，感謝父親給予我這一段崎嶇的路途，磨練了我的心志，在我年少的時期即懂得奠定自己生存的基石，一點一滴的汲取生命的養分，茁壯自己，走出自己的一片天。更可喜的是，我並未被貧窮吞噬、擊倒，我學會以溫潤的胸懷，去看待今日這微然的成績。

其實我試著分析過自己，我並不是個絕頂聰明的人，也非才華蓋世，一路走來，能有這點成就，勉強證明我是個韌性極強的人，一旦決定目標，即不輕言放棄，勇於實現夢想。人生高低起伏在所難免，沒有人能永遠停留在高峰，遭遇挫折時，首要便是重新評估與調整好每一個環節的進行，自然能穩住前進的腳步，走出一條寬闊大道來。

所有的考驗、經過沉澱和一番思索，我稱它為「紮鋼筋哲學」，平時就要老老實實紮緊鋼筋，當機會來臨時，就有如預拌水泥車倒入灌漿，自然基礎穩固，經得起風雨的考驗。

我一向對自己深具信心，表現自若。但這樣常會給人錯覺或假象，認為我是個要求完美的人，事實上當我歷經這得來不易的一切，嘗過這許多辛酸之後，我並不會要求自己的孩子必須同我一般苦其心志、勞其筋骨，來追求他們的人生。相反的，孩子們在開明鼓勵的環境成長，他們在很多地方是勝過父母的。

所以，我不是個會將自己的抱負或夢想，移轉於孩子身上的父親，因為每個人都是獨立的個體，天賦不同，自然也會造就屬於自己不凡的人生來。即使我的女兒大學就讀的正是我的本行——景觀設計，在外人看來似乎這恰好傳承了我的衣缽；但我認為她有自己要走的路，開創她自己的夢想人生。就因自己得意的專長在此，女兒跨入景觀設計的領域，也有她所必須承擔的壓力。例如女兒在校常要繳交作品，若學校老師因為我的緣故，而懷疑她作品的實力，女兒總會朗聲回答，這一筆一畫，由構思到成品，完全是她親手之作。的確，女兒自小即愛塗鴉，稍長，每每會有令人為隻眼亮的創意之作，很得師長與同儕間的讚賞。雖然，我從未刻意言傳身授，但是，她對藝術設計依然熱情不減，屢有佳績。我想，人的藝術天賦，多半是與生俱來的吧！

記得孩子還小時，妻和我已決定給他們一個開明的環境，不設限地讓孩子依著他們的本性，自己發揮。這一來，日後他們的作品也逐漸散發出屬於自己的思想，自己的風味。而我，不論是站在父親或藝術家的立場，絕對尊重他們的創作，不會輕易以自己的想法干涉他們的創意。

無獨有偶地，小兒子進入大學也選擇了設計科系──工業設計系為志向。他自小就對繪圖興味十足，有子若此，或許是孩子自小在藝術氣氛濃厚的環境中成長，潛藏的天賦，加上後天的耳濡目染，無形中的潛移默化，終於觸動了他們對美的追求，在創意的空間裡，揮灑自如，甚得其樂。

父母無法決定孩子的興趣發展，卻可以藉由藝術的薰陶讓孩子對美的感應，得到啟發，更加敏銳。對於孩子的選擇，我和另一半，自然是樂見其成的。基於愛子心切，有時，我還是會以自身的經驗，來為他們分析，和討論他們所學的內容，以及未來的方向。能在相同的事業領域裡，不必通關密碼，不必變換頻率，就能進入符號相同的境地，兩代間輕鬆互動分享，這有如另一種筆墨無法形容的美感經驗，我們很享受這樣美好愉快的感覺。

現代所謂的新新人類，他們出生的年代與我的年代，可說是南轅北轍，孩子本是獨立的個體，雖然我的背景是在艱苦中走來，但在二十一世紀的今天，吃苦，並不是成功的代名詞。因此，許多教養的觀念還真是要隨著時代的轉變而更新呢。

對子女的教育，大原則通常由我決定，常態性的則由妻子打理。有些夫妻在子女教養問題方面常生歧見，我覺得那是缺乏溝通所致，男主人若是把職場上，對客戶死纏爛打，或對下屬頤指氣使那一套公式，對家族成員照本宣科，在家庭的經營上是無法達到良好的互動的。例如當我的孩子到了青春期時，不管是課業學習、人際關係的處理或身心成長的變化，難免會遇到困擾時，妻子和我常會很有默契的，利用睡前短暫的片刻，交換彼此的觀點及看法；再進一步和孩子溝通，以婉轉的言語給予建議。

卸下父母權威的面具，敞開心胸與孩子交心，時空背景的選擇也是非常重要的一環。像另一半就常利用接送孩子上下學的時間來和孩子輕鬆談心。雖說車內空間狹小，但不失為一個敞開話題的絕佳場所，用來交換媽媽與女兒的秘密，或是兩個男人之間的Men's talk，是個很理想的方式。另一個關心孩子的方式，是我更從關注孩子和同儕之間的相處的情形開始。所以我們也會與孩子班上其他的家長保持很好的互動與聯繫，讓孩子們感覺宛如生活在大家庭中，在滿佈關愛的安全網裡，呼朋喚友，儘情分享求學與成長的苦樂。

父親在家庭中扮演的角色成功與否，有一點我認為是非常重要的，那就是「你要和母親一樣關心孩子成長的每個環節」。

如果父親能捨棄高高在上的威權主義，把自己的經驗談暫時放一邊，主動的親近孩子，當他們成長路上的好朋友，則每個孩子成長史裡，都會保有這一段溫馨的記憶，也會是他們往後人生的一大動力源頭。這一層體認，恐怕是我那多年的教書生涯，輔導過形形色色的青少年所給予我的啟發。

我與妻子的個性，一剛一柔，在教育子女的立場正好互補。我特別喜歡在孩子面臨人生抉擇的重要關頭，或當他們表現優異時，給孩子寫長信鼓舞一番。例如在孩子面臨升學聯考的關卡，我寫封信給他們，希望他們能感受到我默默為她打氣加油的聲音，而不是壓力；在孩子們參加競賽奪標或行為表現值得嘉許時，我也寫信恭賀他們，告訴他們老爸多麼以他們為榮。我想當孩子能感受得到父母帶給他們的感動時，這就是孩子成長的力量。

我從不把孩子當做是我個人的資產，若是他日孩子能有傲人的成就，那他首先要學會感謝，感謝太平盛世，感謝國家社會，然後懂得回饋。擁有一顆感恩惜福的心，對孩子來說，生命的能量將會源源不絕。

每一個生命的降臨，都是天賜給的禮物，孩子延續著我們的血脈，長大成人，並不是為了複製我們的人生過程或完成我們未圓的夢想。每個孩子既是獨立的個體，也就肩負著他們各自不同的人生使命。現代父母，可得要學會尊重孩子，並且要培養他們積極的自主性與責任感，才能在和諧的親子關係上，營造美滿的家庭與社會。

13 真愛築夢

我想我的婚姻相處哲學，就是要把每一天當成全新的一天對待。除了彼此關懷對方的健康與情緒，再加點兒浪漫調味，直到現在我介紹妻子的開場白仍是：「這位小姐，是我的資深女友喔！」

愛情可以使人的生活變得更快樂，但大部分人婚前是在談情沒錯，婚後卻往往都在談事，甜蜜的愛情在婚姻中往往變調了。

談到感情的經營，我覺得要靠生活中每一段的溫馨去串聯，尤其是夫妻之間所製造共同的回憶，更可維持感情的新鮮度。但回憶若是空乏無味，再多浪漫的愛情，也會有磨損殆盡的一日。

曾經我對當企業家有過許多憧憬，所以有一陣子我幾乎想要放棄我的專業，認真的去研讀企業管理方面的課程。因為當時我為許多大老闆設計

服務時，我認為企業家似乎可以呼風喚雨，擁有無往不利的權力。但妻子卻把我從不著邊際的夢想中拉回來，她認為我應當先把自己的專業做好，把自己最拿手的設計做到發光發亮，而不是一味想著天外的另一片天空。

在我的專業領域上，我是極富自信而充滿夢想的人，每當我在她面前高談闊論地訴說未來的理想時，妻子總是扮演著提醒者的角色，讓我不致因得意而忘形，因好高騖遠而踩空失誤。

我的妻子，就是這麼一個務實的女子，她喜歡一步一步，老老實實的活出生命，活出情味來。而我所從事的設計工作，卻是最愛天馬行空的幻想，因此在思考上，我們不完全一致，但在生命本質上，她真心真意，認真審慎的態度，影響我至深。

年輕的我，正在台中市一中、明道中學教書的我，放棄教職又投入景觀設計的我，早有未來對象的藍圖，我一直想找個白衣天使（護士）成為廝守一生的伴侶。我想以自己剛強的個性，敏銳的感覺，當然希望未來的另一半也是慈悲感性，善解人意的。

儘管年輕時對愛情會充滿浪漫的想像，但實際上，我想自己並不會要找個家室富有、減少奮鬥十年的女友，我也不要她美若天仙，作我繪畫模特兒的女友。最好還是透過逐漸的交往，再進一步的談感情，這樣的基礎才會穩固，情路也能走得長遠。回顧我的感情一開始的發展，並不如事業平順，青年時兩三次的感情失利，可能是因為事業未成的緣故，使我總是和心儀的女孩錯身而過。

記得在讀高中時，我曾暗戀過鄰居的一個女孩子，我們自幼就玩在一塊兒，到求學時不但相處融洽，而且同樣的喜好畫畫，算是青梅竹馬兩小無猜的一對。直到我讀藝專，她讀大學時，有一次我又興沖沖去她家玩，她媽媽卻有意無意的以言語暗示：「女兒已出落得亭亭玉立了！不過，將來絕不會嫁給窮鄰居的。」所以我的初次暗戀，就這樣無疾而終了。

自小經濟拮据的因素，我承諾自己在三十歲以前努力賺錢貼補家用，扶助弟妹升學，這是我責無旁貸的使命。而對於感情，我卻無法給自己任何承諾。如果我說：「妳現在和我交往，我必須要八年、十年後才能娶

妳。」這樣的告白，大概會把女孩子嚇跑吧！所以我對愛情，一直處於不強求的姿態。這倒也激勵著我，我知道自己所擁有的才華如同未開發的寶礦，將來必定是衣食無缺，所以即使短暫的感情受挫，我對未來的伴侶仍是極有耐心的等待著。

後來因為生病的緣故，在而立之年遇上小我七歲的另一半，她是富有愛心的白衣天使，與我暗自許下的感覺吻合，她所散發的氣質深深的吸引著我。當時她在醫院，不論是佈置院所、繪畫、寫文章都十分活躍，但她更令我感動的是她的善良；當時她服務的單位是嬰兒室和小兒科，在工作上很得同事間的愛戴，與病患家屬間的好評。熟稔之後，才知她的家庭狀況與我有些相似，同樣負有照顧父母及弟弟的重責，只是她的家境比我好些，而情愫便在相知與相愛中滋長。

與妻子結識之初，當時我肝疾初癒，第一眼就認定她是我今生的伴侶。交往時，我自是上山下海帶她去看我設計的作品，而她的文筆極好，常與我分享她才情並茂的文章，我們為彼此的才氣所吸引，並且相信雖然現在我們一無所有，但絕對可以從零開始。

我小心翼翼地呵護著這段感情，我是凡事都講求先做好計劃的人，所以當我覺得時機成熟，就開始著手設計結婚的細節。由於自小常接觸教會的事宜，我常幻想著若以後能在這莊嚴聖潔的教堂中舉行婚禮該有多棒。對未來的規劃，另一半也極為贊同我的看法，於是，我們終於如願在教會神聖見證與天籟般詩歌吟唱祝福聲中，完成了電影畫面般美麗的婚禮。

步上紅毯之後，這回有了岳父全然的信任，摯愛的另一半恆久的支持，儘管剛結婚時，經濟並無顯著的改善，我們仍是甜蜜的安於物質平淡的日子。我記得那時租賃而來的狹小房舍，建材老舊，四壁都得糊上報紙才能將就的擋風避雨，但新婚的我們皆有共識，情況總會慢慢好轉的。當時我已零星的接一些設計案，同時在學校兼課教授美術，妻子也繼續擔任著護士的工作，兩人初成立的家雖然寒傖，但我們的心是緊密而溫暖的連結著。

婚後半年，我們開始期盼有小娃兒加入兩人的世界，計畫著生個一對

兒女，組織「二大二小口」的溫馨小家庭，巧妙的就在此時，我們喜獲佳音，第一位小天使來報到了。為了迎接孩子的到來，妻子決定辭去工作自己帶小孩。我們在屋內四周牆上貼滿了可愛娃娃的海報圖片，我們全心全意的打造一個美善的環境，滿心歡喜地期待著第一位娃娃的降臨。

記得妻子正孕育著大女兒時，我一直幻想著，若是自己有能力一定要開一部純白的車子，到醫院去迎接我第一個孩子，回到為她準備好的愛的小窩。我承認自己一向腦筋浪漫，總是隨時都在思考著如何讓生活過得更有趣一點，但我做起事來，可是非常踏實的。因為孩子即將降臨，我許下這個夢想，一方面也努力的工作存錢，居然就在女兒誕生前夕，我終於擁有了一輛1000cc的白色小車，這對我來說是意義非凡的。

而另一半一下子由文藝少女，掉進了柴米油鹽的現實生活中，兩個孩子相繼的誕生，生活的瑣事忙得沒完沒了，她能體認到身為創意工作者的妻子，必須比一般的女人更為獨立。當她的丈夫沉浸在自己的藝術天地裡，仍不自覺時，她要有獨自擔待的能耐；當她的丈夫喜愛他的工作更甚

於自己時，她也要有忍受寂寞的雅量。

妻子常說婚後不像婚前，只顧著談情說愛，她不能一直只當小鳥依人的伴侶，打理生活，是很現實的問題。平日我主外，妻主內，各司其責，形式上，我們都很獨立。但在感情上卻百分之百的依賴，這是她與我的另一層默契。我想這正是女人特有的聰慧，因為在婚前我所認識的她一向是柔弱纖細，而如今結褵已逾二十個年頭的妻子，卻已化為我堅毅的牽手，扶持著我們一塊兒赤手空拳打造而成的家。

夫妻感情再親密，就如舌頭和牙齒，也有磨擦的時候，當然我們這對平凡夫妻也不例外。倘若發生爭吵的情形，我們皆有共識，絕不回彼此的父母家中訴苦，因為身邊太多的事例說明，這只會引起家庭的團體戰。

我想我的婚姻相處哲學，就是要把每一天當成全新的一天對待。除了彼此關懷對方的健康與情緒，再加點兒浪漫調味，直到現在我介紹妻子的開場白仍是：「這位小姐，是我的資深女友喔！」

記得在我的公司草創之初，為了追求專業上的突破，我到美國去進修

造景課程。於是公司裡的大小事宜，大至和業主溝通，小至張羅員工運作，再加上兩個二歲和四歲的小蘿蔔頭，公事家務都要靠妻子一手打理。這突如其來的考驗，對她來說是極大的挑戰，明知這是無法逃避的重擔，也只能一肩挑起。但她從無怨言，甚至在事後對我說，真感謝我給她這磨練的機會，要不然她還無從發現自己有這樣的潛力呢。

夫妻之間總有許多值得珍惜的分享經驗，妻的堅韌，使我無後顧之憂的一路由顛簸中走來，無論在任何情況下都可放心的全力衝刺，因為我知道她總會在我身後默默的支持我。另一半把人生和生活看作是一門學問終身學習。她永遠有學不玩得新鮮事物，而一旦投入了，便十分專注與堅持，不輕言半途而廢。這也深深影響了我，不像過去，若是自己不敢興趣的事物，我是連碰都不碰的。就是這樣一分不斷學習，不斷成長的興味兒，使得我們看似分歧的個性，有了互補與交集，在忙碌的生活節奏下，仍有無盡美好的分享。

二十多年的歲月過去了，我們曾攜手走過風雨，穿越陰霾，而今，迎向朗朗晴空，百感交集之餘，更加珍愛疼惜身邊的另一半。

每個人或多或少都有一些未完成的夢想，也許是年少家境所限制，也許是婚後生活所繫絆，這些夢芽總等待時機來臨，破殼而出。隨著孩子們長大負笈在外，處於空巢期的另一半，也正逐步進行她的圓夢計劃。一向都是妻子聽我說夢的時刻居多，而現在該是角色易位的時候了。親愛的資深女友，讓我的真愛陪伴你，航向夢想的國度。

PART 4 無止境的夢想

築夢大地

14 夢的谷底

在那一晚，澄淨靜寂地獨自想了一夜，覺悟了為人處世的許多偏失，自始至終都是因為「我執」太重，追求的腳步過於急躁；許多放不下的事情一再的堆積，才成今日受苦的磨難。

一向踩在夢想頂端的人，若是易地而處，當他面臨生命中絢爛歸於平淡，甚至更慘烈的境地時，這種置之死地而後生的感慨，真是唯有經歷過的人才會懂得珍惜。而我就是那曾由夢想頂端跌落谷底的人。

記得那時雖離知命之年尚有五、六載，但經年累月的工作，設計的靈感均來自於心，勞心者易衰，這並非危言聳聽，而是深切地體會，有時想擁有休憩與寧靜的時空，竟也成了一種奢侈的行為了。

首先我必須要承認自己畢竟是個凡人，我也想再追求更富裕、更蓬勃

的事業，一則讓摯愛的妻兒有不虞匱乏的經濟後盾，但是白日繁忙夜晚酬酢的結果，終於致使健康亮起了紅燈。

人畢竟是血肉之軀，其實在我的事業稍有起色，也就是在設計達樂花園時，身體已發出了警訊。我記得那時若到台北勘景，坐火車回台中便常常頭痛欲裂，一趟車竟無法坐完全程，每每在中途便得下車先找診所看病。明明身體盡責的在提醒著我要正視自己的健康，我卻一直欺騙自己，或許情況並沒有想像中那麼糟，仍然東奔西跑、熬夜趕圖。

有天在家，天花板掀了一塊開口，我架著梯子使勁地釘著，不知怎麼地頭腦一陣暈眩傳來，梯子一歪，我整個人便重撲撲的從兩公尺半高的頂上摔下來，馬上昏厥過去。不知過了多久，方才幽然醒轉，妻正忙著給我掐人中、掐虎口，我這才稍有知覺，但怎麼也沒法兒睜開眼爬起來，只能全身僵硬地躺著。

耳邊只聽見妻子一再叫著：「醒醒呀！你有事沒事？我叫醫生來啊！」我一陣悸動，忽然就一股氣升上胸臆，我的頭馬上能微微抬起，眼睛也張開了。妻過來扶我，問我如何？我答應著沒事。正準備起身時，一時之間五臟六腑、四肢百骸如同互相扞格翻騰一般，我難受的險些又昏了過去。我咬著牙挺住，努力的思考著究竟發生了什麼事？卻是感到頭疼欲裂，一絲念頭飄然閃過，該不會是腦中風或骨折了吧？

躺上床後，內心稍安，再慢慢將剛才發生的事情細想一遍，等醫生來看過之後，才知道這一摔雖大難不死，但左腳底板承受全身重力的一蹬，傷勢不輕。醫生包紮完畢囑咐我，恐有一陣子要不良於行，得靠兩枝拐杖才行了。腳受傷的那段時間，我幾乎都是以手抵足的前進，十分辛苦，所幸痊癒後並無大礙。

在休養期間總算能靜思回想，這將近半載的病痛折磨，這許多罣心難解的人事，都一一的如明礬澄清了濁水，透澈了起來。正當我想釐清這一切紛擾時，誰知藉由這次的重創，所浮現出的僅是冰山一角，更巨大的隱憂還潛伏在後頭。

一九九一年一月的某一天，我正在畫設計圖稿，突然間頸子僵硬起

來，腦筋裡似乎氣閉，腦袋裡好像養了個蜂巢般，數萬隻蜂傾巢而出，耳鳴的聲音震得我頭痛欲裂，聽不見任何聲音。我試著猛敲自己的頭，感覺卻像打在乾枯的椰子殼上，枯槁麻木，當時心中一絲恐怖的念頭閃過「難道我中風了嗎？」

奇怪的是，念頭一過，心裡又是一片空白，所有的焦慮也旋即消失，心一靜，似乎也不覺得那樣的痛苦了。當我滿頭大汗的從製圖桌上爬起，汗已濡溼了圖稿，那一刻我只感到如釋重負。但那陣子事務繁忙，我雖知身體一定哪兒出了狀況，只得一面工作，一面抽出時間看病，結果醫生說是肝臟差、神經不安、焦慮所引起的癥候。聽起來好像並不嚴重，所以起初我也不以為意。

但有時頭殼裡像是萬蟻嚙噬的情形，並未改善，而且變本加厲的麻癢痛楚遍佈四肢百骸，這種欲生欲死的情境時時上演著。最後我終於放棄了西醫的療法，直接與妻到台北去求診於一位知名的中醫生，沒想到他瞧見我，劈頭第一句就喊：「先生，你的臉色怎麼……唉呀！你快死了，知不知道？」

當場我們夫妻倆就被中醫師唬得說不出話來，坐下之後，他替我把脈、驗口、探眼，要我敘述身體的狀況與病症，我一一的詳述。大夫聽完語重心長地表示，我不但有血管病變的的癥候，肝、胃、腸、肺多少都有問題，他諄諄告誡我得多運動，並服他開的藥方。

回來之後我奉若科律，不但每日慢跑，也按時服藥，可是病情並無好轉，頭痛的頑疾一直存在著。好幾回開會時，不由自主地舌頭不聽使喚，忽然就說不出話來。原本自信煥發，一向不驚不懼的我，在洽商與面對顧客時，竟會精神緊張手腳發冷，必須不時地吃甜食以安定情緒，如此一來，惡性循環，不但體重直線上升，頭昏腦脹各種病態不減反增。每月北上就醫，大夫不停的為我抓病症，折騰得我心煩意亂，病況越劇。

從來我對自己的人生規劃，一向是十拿九穩的，沒想到這次我卻碰上棘手的病魔，第一次對未來感到茫然，前途渺遠難測；這不安的情緒無時不刻的包圍著我。當時我的脾氣極壞，動不動就無名火起，指責員工、妻

兒，種種無理取鬧的行為，更嚇走了工作室大部分的員工，我再也不是他們心目中體恤下屬的上司，更談不上是疼愛妻兒的好丈夫、好爸爸了。這一番折騰，使得我辛苦打造的事業、家庭一度跌到谷底！這教我的心怎能釋懷？

眼看著身體似乎已病入膏肓，與藥物為伍的日子卻依然無限期的蔓延著，病情仍舊毫無進展。最令人憎恨的是，數月來花費可觀的金錢求診的「名醫」，竟只是個看重金錢的中醫師，既無醫德醫術不高明，想著這數月來的功夫全然成空，就不禁扼腕歎息。

人一病，藥石罔效時，心思自是渙散，各種無名的思緒四起，幾近崩潰，難道老天將陷我於絕決的境地嗎？後來病況加劇，心裡的壓力越發沉重，不但沒法兒專注工作關心家中妻兒，每逢疼痛排山倒海而來時，真想一死了之。

人總是避苦貪歡，耽於官能體膚的享受，但我捫心自問，生活上種種煙酒聲色的習性無一沾染，自律謹慎，也不曾做出損人利己之事，如果善惡之報昭然平允，何以獨獨是我要遭受這病痛的糾纏。當各種怨天尤人的心態蒙蔽理智時，「死」這個想法幽然迸出時，尤其在夜裡睏眠也不得安寢，只好抱著頭坐起，思索這近半年來夢魘般的折磨，心中漸次地寒冷，輕生的念頭一再浮起。

一夜，我站在在街口看著急馳而過的車輛，不知是燈影渺茫，或許我的淚迷朦了眼，淚光中覺得自己孤單無助，恍恍惚惚中，我已然站在快車道上！一輛砂石車由遠處急駛而來，燈影閃爍交織的光芒，一片亮晃晃的……我的眼睜不開了，突然腦海中映現出妻兒的影像，一陣轟天似的喇叭嗚響如雷灌耳……這聲浪驚醒了我！想也不想地便往後一跳，冷靜思考剛剛自己究竟是怎麼了？這鬼門關外兜一回，我早已沁出渾身冷汗。當夜返家，我凝視著熟睡的妻子、年幼的子女，心想自己差點兒就回不來了，就這麼千鈞一髮，幾乎要和我摯愛的妻兒天人永隔了。

在那一晚，澄淨靜寂地獨自想了一夜，覺悟了為人處世的許多偏失，自始至終都是因為「我執」太重，追求的腳步過於急躁；許多放不下的事

情一再的堆積，才成今日受苦的磨難。

生、老、病、死，難免是消極的解釋「無常」的論調，但真正體會出個中甘苦時，反而由苦難盡頭待得甘醇。如此轉念一想，心頭也輕鬆許多了。

爾後我由朋友轉介一位留日的女醫師處就診，據說這位女醫師是從一個清潔婦出身，真心許願研究癌症，是源於她的公公和丈夫均患癌症歸天開始。她到日本醫院中淨洗屍身的工作做起，直到後來拿到醫學博士的學位。初見這位女醫師，我就因她親切和藹的態度所打動，醫師仔細診治我的疾病，也建議我改變一些不良的飲食生活習慣，每日勤做健身操。醫師的囑咐，雖是亡羊補牢之法，對我仍或多或少有所助益，一方面妻也偕同我赴榮總再做徹底的檢查。

俗語說：久病成良醫。無名病魔纏身的這段日子，我買了許多醫藥叢書詳加研讀，藉以對照自己的病症，除了繼續就醫服藥和調整生活之外，我也發覺，每日的慢跑以我的年紀和病況來說，只能活絡筋骨卻無法深入氣血的調息。所以經過這病中歲月，樂觀的看，我學了大乘禪功、甩手功，等對身體有益的運動，飲食習慣改為早、午二餐之後，體重由七十八公斤降至六十五公斤，感覺身輕無擔、神清氣爽，漸漸地，也終於擊退惱人的病魔纏身。

病與傷是人生一大苦事，但在奈何苦之外，沉潛中汲取的人生經驗和感懷，是最最切身難忘的。經過了這次重生，對我是個很關鍵的啟發，事實上在我突然生病的那年，早已戰勝了貧窮，但一切歸零的想法在那時達到臨界點。當我看自己尚未髮蒼蒼眼茫茫，齒牙也沒動搖，難免因病而頗感氣短。所幸雨過天青，畢竟健康的身體是成就萬事的基石。

想來這大病一場，為的是在我的人生歷程中，留下一記警惕的烙印，這一遭走來也值得。而歷經這一番脫胎換骨，就拋開凡塵的盛名利祿，我宛如純真無塵的老頑童，可以更寬容的看待人世沉浮。

創意的來源，對我而言再簡單不過了。我覺得只要把你認為「是的」「對的」的觀念統統拿掉，將自己「歸零」而產生新的感覺，那就是非常有創意的事了，所以真正的創意不是教條化的去規範，做別人未曾做過的才叫做創意。

15 美夢成真

認識我的人，都知道我蒐集了將近六百個娃娃玩偶，一個大男人以蒐集娃娃玩偶為樂趣，確實是有點兒詭譎的，但追溯起蒐集娃娃的源頭，可是有非常羅曼蒂克的理由。我在追求妻子時，因為她是嬰兒室的護士，幾乎每次約會我都會送她布娃娃，無心插柳的結果，我覺得把送給她的布娃娃當做戀愛的紀念品，是再適當不過的了。

因為我別出心裁的作法，在每次約會都會送給她布娃娃，並且告訴她收到布娃娃當天，就是布娃娃的生日。因為共同培養著蒐集布娃娃的興趣，也使我們的愛情逐漸加溫，她發現我不只在工作表現上很有創意，而且是個富有童心的人，才會想出這個Q點子。

我記得曾經為了找一個護士娃娃，四處蒐尋費盡千辛萬苦，終於在日本買到一個脖子上掛著紅心項鍊的護士娃娃，當她收到這個娃娃自然是喜出望外，我還和她約定當我送到一〇〇個娃娃時，我就會向她求婚。

所以在蒐集娃娃的過程中，不只因為布娃娃而成就了自己的一段姻緣，在挑選與擁有的過程也得到滿足，對我個人的事業、工作態度、人生觀、感情生活，無形中也有或深或淺的影響。布娃娃背後的故事，點點滴滴都使我回味無窮，我的布娃娃有些是「走遍全世界，僅此一個」的特殊珍藏，例如有個紐西蘭娃娃，是一個當地的老婆婆用剩餘的布頭親手縫製而成的，每當看到這個布娃娃，腦海中就不由得浮現了紐西蘭老婆婆慈祥的笑容，很是溫馨。

我的收藏，幾乎成了「娃娃博物館」。

世界各地蒐集而來的娃娃玩偶，齊聚一堂，像是「娃娃聯合國」。

手中捧的一對可愛的「丹麥娃娃」，是送給妻子的定情禮物。

童真，可以保有許多最原始的想法，觸動心靈深處最初、最美的感動。創意的來源，我認為保有童心非常的重要，當我觀賞各國娃娃的一顰一笑或是他們俏皮可愛的造型，即可觸及我的童心，引發一些靈感和創意。

「景由心生」，每天看到這些純真樸拙的臉孔，生活隨之湧現趣味，作品自然活潑生動。如今全家人有志一同的擴充著我們的「娃娃博物館」，孩子們自小有一屋子娃娃玩偶相伴，童年歲月也倍增歡樂鮮活。多年來，因為娃娃玩偶所凝聚的向心力，更為家中灑下一串溫馨的種子，如今種子早已茁壯而枝繁葉茂了。

我深知自己對天地萬物皆有情意，無論是景觀設計所需的花草，或我曾豢養過極具靈性的白文鳥及臺灣土狗，乃至於我蒐集的這些娃娃玩偶，都帶給我許多難以忘懷的歡樂回憶。我想小至布娃娃的收藏，大至親近土地的每一寸呼吸，宇宙萬物總能適時帶給我感動，我也樂於佇足欣賞。

我是個十分崇尚自然的人，大自然有一定的規律，我覺得那是不容破

有人説我的庭園作品中光與影的變化像是莫內的畫。
獲1999年園冶獎作品「淨園」。

獲1999年園冶獎作品「禪園」。

位於15樓陽台的庭園景觀作品「望園」，這是我最小的景觀作品。只有10公尺平方大，卻又表現宇宙的無限感覺。

壞或更改的。很多人說我的庭園作品很像「莫內」的畫，例如庭園中花樹的光影，利用陽光或隱藏燈來導引；將莫內畫作裡光影的變化，對映到我的庭園設計，確實是有異曲同工之處。

莫內就曾說過：「文學和藝術都是假的，只有土地才是真實的。」喜歡親近自然，是我工作之外最大的享受，親近自然可以使我的心更柔軟。從事景觀設計的人絕對要喜愛旅行，工作中先拋卻渡假時優雅閒適的心情，上山下海頂著烈日寒風戡景。工作之餘，輕鬆的旅行，則足以釋放自己工作的壓力，同時擷取創作的靈感。在接觸大地自然景物時，我最常做的是「聽花聆樹」的工作，乍聽之下這個舉動還算浪漫，但不光是用眼來看，還要真正用心來傾聽，和它們展開對話。所以我所設計的景觀，總是運用大量的原生植物及原生石，讓我所設計的空間能無限延伸，更有生命力的和大自然結合在一起。

綜觀目前我所設計的許多地標、遊樂園、住宅、商業大樓，或是手上正在進行的大陸「希望園區」計劃，有些景觀設計工程浩大，卻都不是我

心目中的代表作。其實我最滿意的反而是小小的景觀，所造化出的一片天地，那就是嶺東技術學院的「萍園」。

我會特別鍾情於「萍園」這個景觀作品的原因，第一是在它的特殊性，因為它本身是一個墓塚的景觀設計，是為了紀念已逝的嶺東技術學院創辦人蔡亞萍博士。第二是它必須要配合東方的風水地理之說來設計。除了要考慮地理師的風水條件，更要讓師生進出校舍時，不會感受到它是座令人毛骨悚然的「墳墓」，以免影響教學氣氛及顧及學生的恐懼心理，這的確是個難題。

「萍園」的設計原創力，源於「一草一木皆佛緣」的心境，希望「萍園」能表現中國人「天人共振」的天地真理，以「一片草葉，皆是金佛」的情境來營造「萍園」的氣質，使它散發著智慧的宇宙觀，並自明性地表現出自然的力量。因此我以「三面雲山」做背景，「一面池水」做倒影的造境手法，這就是中國傳承的「三山一池」的造園方式來呈現。在佈局構思上儘量表現「空」及「無限」的感覺，像是空靈安詳般使這座庭園「空

虛」的氣勢奪人心魄，排去心中的一切瑣細而成為一種可以看得見，感覺到的精神念力，自自然然地引導進入「天在其中」，萬物世界的自然景觀。使整個設計呈現出寧靜安詳的藝術視覺氣質。我想最棒的設計，應該是最自然的，沒有什麼繁複的裝飾，所以，「觀想禪悟」這塊淨土，以現代景觀單純的造型石雕組合構圖。期能巧妙地塑造視覺欣賞的感染力，使「萍園」表現出詩的意境，畫的構圖，又能融合中國造園的精神，散發出古典的優雅，現代的瀟灑，讓人沈浸在這景觀藝術的情境，以為精神上的至高享受，使「萍園」的風情成為學校師生們「靈感」與「追思」的源泉。

好的藝術家要有天使的心，魔鬼的衝動，所謂「鬼斧神工」，依照我的設計觀就是「寧為玉碎不為瓦全」，絕不妥協，是設計工作者對作品堅持所必要的。

創意的來源，對我而言再簡單不過了。我覺得只要把你認為「是的」「對的」的觀念統統拿掉，將自己「歸零」而產生新的感覺，那就是非常

「萍園」全景：萍園寫意，天在其中。

「萍園」一角，一柱擎天延伸無限的希望。

「嶺東技術學院校園景觀」整體規劃設計圖。

有創意的事了，所以真正的創意不是教條化的去規範，做別人未曾做過的才叫做創意。當然我也有遇到創作低潮的時候，此時我會瀟灑出走，過幾天隱士般的生活，或一頭鑽入新鮮躍動的城市，給自己來一次心智的饗宴。

從事純藝術雕塑創作，我曾想過這真是件不理智的事，好好的做我的設計工作多好。因為台灣大部分的藝術家為了生存，都曾經做過依業主要求的商業作品，而無法隨心所欲，但到目前為止，我還不需為了填飽肚子去違背自己在藝術創作上的夢想。或許這是我比別人幸運的地方，可以堅持不做雕塑仿製品，而能自由自在地將雕刻作品和我設計的景觀作相互呼應與結合。最終業主也能贊同藝術和大地互動的這種流動的感覺，這樣的景觀藝術才格外的具有意義。

景觀雕塑作品「母愛」，位於台北汐止日月光中心出入廣場。

「和平圓融」銅雕作品，是1992年全國比賽第一名作品，矗立於高雄228和平公園正中央。

景觀雕塑作品「如意」，獲第一屆戶外雕塑展優選獎作品。

景觀雕塑作品「親情溫馨」，位於台中市文化中心。

景觀雕塑作品「天人共鳴」，位於台北「藝術宮殿」社區中。

「基因新象」位於中興大學畜牧館花園廣場中央。

「翱翔」巨型不銹鋼雕塑作品，位於嶺東技術學院「聖益樓」。

「獅友奔向國門」景觀雕塑作品，位於桃園國門景觀公園中，為國際獅友會在台灣舉行世界年會的地標。

16 散播夢想的人

我希望與他們分享的是「一種生活態度」。希望自己不但是個「販賣夢想」的人，同時仍能不斷的「追夢」。夢想，是無止境的。

夢，是人類最原始的潛意識行為，如果可能，我希望自己可以成為一個販賣夢想的人，散播實現夢想的快樂。

因為自身一次次築夢的圓夢經驗，正可以利用這項「愛做夢」的專長來影響他人，如何腳踏實地的來做夢。而關於藝術家的夢呢？藝術家正是屬於人類品種中奉行夢想主義的一派，腦子裡老是轉著一些念頭。所以當夢想的火花開始撞擊時，我不由得就開始思索，好像可以再著手做些什麼。

在我的設計公司雇用了三個殘障的員工，一是會計，一是專司打字的小姐，一是製圖人員，他們皆在公司服務二十餘年了。在外人的眼裡或許只見看見他們外表的缺陷，看不到他們與一般人無異的一顆力爭上游的心，致使他們的前進的方式要比他人更加的辛苦。例如在公司擔任繪圖工作的聾啞員工，一開始他在公園當街頭畫匠糊口，在偶然的機會下，我恰好看到他在作畫。

與他閒話家常之後，我卻強烈感受到寫在他臉上的失意與茫然。每個人對未來都會有理想的藍圖，但就因為他不可避免的缺陷，就得被迫貼上標籤，甚至蜷縮在城市的角落。想到這裡，我內心有股說不出的滋味，只覺得他應該可以設法使生活過得更好才對。

我當下便中肯地建議他說：「或許我這樣說，對你很殘酷，但我覺得別人會買你的畫，都是基於同情你，這並非長久之計。我看你繪畫的底子不錯，你可以考慮先來我的公司工作一年，我可以先教你畫透視圖，因為我希望你能過更有尊嚴的生活。」

我想自己可以為他製造一個做夢的機會，至於未來造化如何，還要靠

他能否努力不懈；雖然他的人生注定比別人要更艱辛，但這一切並不是無法改變的。

一年之後，說實在的，他的圖進展不多，也未獲得客戶的賞識，我決定先善意的隱瞞他，就對他說：「客戶很喜歡你的圖啊！加油啊！」因此他對自己的能力，逐漸的產生了信心，不再妄自菲薄，步伐越踏越穩。成為設計公司的得力助手，後來也買了房子、結婚生子，找到了屬於自己的理想，和當年那個落魄的街頭畫匠不可同日而語。

在他身上我看到自己販賣的夢想，有了美好的結果，這種喜悅的感覺真是筆墨所難以形容的。現代社會可怕的便是常把罪惡和貧窮畫上等號，所以當我有能力時，自然會設身處地的為他們著想，想為弱勢的人們做點事。有些和我熟識的人，打趣的稱我為「賣夢的人」，嗯，販賣夢想，如同擁有一支神仙魔仗，的確是個很棒的差事。

某種角度來說，我剛好是個懂得經營自己事業的藝術家，因為一般來說，藝術工作者和經營事業，兩種極端的角色與空間，擺盪在理智與夢幻的兩端，要時時平衡，必是一件極不容易的事。我想，自己能得心應手的運作，應是許多「跌倒的經驗」，讓我能不斷的修正自己的態度和經營的方針，否則神仙魔仗也無法在一瞬間點石成金呀！

記得當初我在設計「亞哥花園」時，交出去的規劃設計書曾被甩在地上，批評那是沒有成本概念的設計，從那時起，我就開始積極涉獵財經方面的書籍。長期的自修之後，現在我對財經方面的分析有我自己獨到的看法。例如我對自己公司的財務規劃是很嚴謹的，在每年年初就提撥備妥員工一整年的薪資，若是一整年都接不到案件也仍有餘裕。這樣的危機風險準備，景氣好壞與否，自可豁然面對。這是我常與員工分享的看法，在旺盛的季節儲存冬糧以備不時之需，是絕對必要的動作。

當一名藝術家不可只維持一種型式的表現，而應一直不斷的突破，不斷的超越自己。我當然希望自己始終是跑在前頭的選手。如今我所規劃的設計案雖是廣受各方肯定，我仍不喜歡重複自己，我希望每一次都是不同的表現。所以在公司的經營上，不交際、不綁標、不設立業務部門拉生

意，這樣的堅持在營運的過程剛開始會遇到一些障礙，但日久會如倒吃甘蔗，越發順暢甜美。我也不設計AB兩案讓客戶挑選，我想也是這種對於原創的堅持與自信，使我的作品始終能忠於專業，忠於藝術創作的原味。

我也不以比圖的方式爭取案源，從事藝術創作時，我或許感性多於理性，但一涉及業務，頭腦立即又脈絡分明，不會計較小得小失，可以馬上判斷客戶的需求與自己的能力所及。執意這麼多的堅持，這樣「我行我素」的公司，在講求隨波逐流、商業包裝的現代社會似乎是不多見了。

身為設計公司中的一員，為客戶倒茶、接電話，可說是家常便飯。因為自己不修邊幅的習慣，老是穿個舊夾克公司裡穿梭，常被不熟的客戶誤認為公司的業務或管家，已經是公開的「笑話」了！所以我應該算是最沒架子的老闆，況且我認為老闆和員工本來就要消弭距離，溝通才能暢行無阻。很多公司奉行的是權威式的組織管理，下達上意，層層關卡；在我的公司，卻不分職位高低，資歷深淺，人人隨時可以平行溝通，不必透過層級的設限，不但很人性化，績效更為彰顯。

因為設計公司的員工，都是創意工作者，在員工管理與創意自由上時有衝突，自然我也能感同身受。所以即使身為老闆，我也不認為要處處約束員工，反而給他們自由的揮灑空間，也鼓勵員工出國進修、旅遊、考察，獲得更好的視野，更專業的技術。

「三十年來的設計生涯，使我體認到設計事業，絕對是一輩子的工作，永無休止的不歸路，我之所以熱愛這分工作，是因為設計可為人們提供最有意義的貢獻，也是最有成就感的事業。堅持成為有品格的設計師，呈現真正代表著智慧、品格的好作品，在時代中創造出歷史意義。」

這是我五十歲生日時，面對公司共事的伙伴表達內心的感想。

以往無論遇到任何險阻，我始終咬緊牙關，以成為一位有尊嚴的設計師，成立一家有品格的設計公司為目標。對於工作的伙伴，我自是滿心期許他們與公司之間良好的互動，從事景觀設計公司這一行，最困難的是優秀作品的累積及穩健的知名度，這並非一朝一夕便可成就的事業。走過長遠、顛簸難行的路途，值得欣慰的是現今公司已擁有相當可觀的作品成

績，但我並不以此驕矜自喜；如何凝聚一群傑出的設計人員，相互激盪，在未來再創高峰，貢獻出藝術的結晶，是我更期待拓展的部分。

我的設計公司，就這樣一步一步的累積圓夢能量，同時也一筆一劃繪製著每一個客戶，託負的夢想國度。夢由這端輸出，由彼端圓滿。

夢想的源頭通常是個模糊的概念，而夢最須要的是「烘焙」的功夫。雛型的夢想，未成型的夢想，塵封的夢想……這些等待實現的夢想，通常都是因為做夢的人缺乏「敏銳和堅持」，無法持續到完成的最後一刻，於是只好看著這些曾經有過的憧憬灰飛煙滅。

在人生的旅途上，我經常回到原點，一次次的還原自己，審視著在生命的大地上，自己所構築的夢想；一遍遍依循著追逐的軌跡，綿延夢想的版圖。在我的觀念裡，「歸零」是一種人生的哲學，「築夢」卻是一種生活主義，我喜歡與共事伙伴或家人朋友分享這分心得樂趣。

認真的做夢，努力的圓夢，當夢想回歸原點，正是再度遠揚的時刻。

夢想是無止境的。

1999年在集集規劃設計的喇嘛廟，在921大地震的震央，卻毫髮無傷，被視為大災難中的奇蹟。

結語——人類因夢想而偉大

「歸零，造夢」，是我向來奉行不渝的座右銘。隨時把心情「歸零」，不因一時的成就而得意忘滿，再把握契機更上一層樓。誰說夢想的頂端是攀爬不上的呢？

人越成長，夢想往往會被遺忘在歲月的角落裡，即使是輕易可說出口的白日夢，也變得無跡可尋。所以，夢想是需要你停下腳步，回頭去撿拾的遺珠。

或許在我腦海中編織的一個個大大小小的夢想，有人會嗤之以鼻的笑我癡人說夢，但我就是這麼一個痴人，以不停的追逐夢想為樂。該怎麼形

容這種癮頭呢？可以解讀成那是我一貫喜歡拓荒的心態，喜歡這種冒險的感覺。「夢想」帶給人無窮盡的希望，對於是一無所有的人，夢想可以使之再次奮起。

走過半百，我曾有過的歷練與收穫，在這些點點滴滴的累積中，感觸於焉而生：人要享受所經歷的每一個片段，無論它是折磨、痛苦，抑或快樂、獲得，都有它的含意存在。

人類因夢想而偉大。摒除心牆，不要再找盡理由，甚至埋怨自己的父母、長官未曾給予自己幫助與肯定；抱怨社會待你不公平，沒有給你良好的環境或發展的機會。儘管給自己一個築夢的行動，一開始，不要劃地自限，在意自己一定要達到何種程度？獲利如何？應該要先和自己的心靈對話，想想看自己的興趣在哪兒？究竟想做些什麼事情？繼而思考到對人生的規劃。如果已經選定了正確的方向，就勇於築夢吧！畢竟自己的人生，靠自己打造。自己的夢想靠自己成就。

日本有句諺語說：「作大夢時，往往只實現了針孔似的夢想。」我想無法承擔實現的壓力，這是一般人不敢輕易「築夢」，對夢想裹足不前的原因吧！我常在想，若我現在是二十五歲，我會認為現在就是最好的時代，以前我所經歷的時期，往往必須靠勞力換取各種機會。但現在這個日新月異的年代，有前人為我們鋪好的康莊大道，只要你勇於築夢，以知識紮根、以資訊佈網有計劃的去實現你每一個階段性的夢想，誰說這不會是一個偉大的開端呢？

「歸零，造夢」，是我向來奉行不渝的座右銘。隨時把心情「歸零」，不要因一時的成就而得意志滿，再把握契機更上一層樓。誰說夢想的頂端是攀爬不上的呢？

人類因夢想而偉大，立即行動吧！

前往日本研習時的回憶，正是我築夢之旅的起站。

「歸零，造夢」，是我向來奉行不渝的座右銘。

朱魯青博士重要作品與獲獎年表

一九四七年：出生於中國大陸青島市。
一九六八年：台中明道中學校園規劃、設計、監造。
一九七四年：台中龍谷樂園整體規劃、設計、監造。
一九七六年：台中亞哥花園初期規劃、設計。
一九七七年：台中卡多里樂園整體規劃、設計、監造。
一九八一年：小琉球海洋公園整體規劃、設計。
一九八二年：台北達樂雕塑公園整體規劃、設計、監造。
一九八三年：埔里天仁茶園整體規劃、設計。
一九八四年：台北伯爵山莊景觀設計、規劃、監造。
一九八五年：台北玫瑰中國城景觀設計、規劃、監造。
一九八七年：高雄茂林自然公園整體規劃、設計。

一九九〇年：台中公老坪風景區整體規劃、設計。

一九九一年：高雄市政府景觀規劃、設計、監造。

一九九三年：高雄市二二八公園景觀規劃、設計、監造。

一九九四年：嶺東技術學院景觀規劃、設計、監造。

一九九六年：「物華天寶」獲溫州地標景觀雕塑國際競賽第一名。
獲第　屆中華十大傑出風雲人物獎、獲中興文藝獎章（雕塑家）、獲全國十大景觀設計金廈獎、獲全國好人好事代表獎、獲白手創業成就獎、獲傑出華人成就獎。
澳洲佛光山南天寺景觀規劃、設計。

一九九七年：澳洲靈巖山寺整體規劃、設計。

一九九八年：中國大陸福州市馬尾一千公頃的「希望園區」整體規劃、設計。

一九九九年：南投縣集集鎮福德喇嘛廟景觀規劃、設計、監造。

二〇〇〇年：中國大陸溫州市天龍樂園整體規劃、設計。

國家圖書館出版品預行編目資料

築夢大地／朱魯青著・-- 第一版.
-- 臺北市：文經社，2000（民89）
面；　　公分. --（文經文庫；167）
ISBN 957-663-284-6（平裝）

1. 朱魯青-傳記 2. 景觀工程-設計

782.886　　　　89018823

文經社

文經文庫 167

築夢大地

著作人—朱魯青
發行人—趙元美
社　長—吳榮斌
主　編—管仁健
美術設計—張欣怡
出版者—文經出版社有限公司
登記證—新聞局局版台業字第2424號
<總社・編輯部>：
地　址—104 台北市建國北路二段66號11樓之一（文經大樓）
電　話—（02）2517-6688（代表號）
傳　真—（02）2515-3368
E-mail—cosmax66@m4.is.net.tw
<業務部>：
地　址—241 台北縣三重市光復路一段61巷27號11樓A（鴻運大樓）
電　話—（02）2278-3158・2278-2563
傳　真—（02）2278-3168
郵撥帳號—05088806文經出版社有限公司
印刷所—松霖彩色印刷事業有限公司
法律顧問—鄭玉燦律師　（02）2369-8561
發行日—2001年 1 月第一版 第 1 刷

定價／新台幣 200 元　　Printed in Taiwan

文經社在「博客來網路書店」設有網頁。網址如下：
http://www.books.com.tw/exec/publisher/001/cosmax
鍵入上述網址可直接進入文經社網頁。

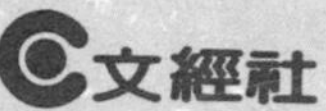
文經社

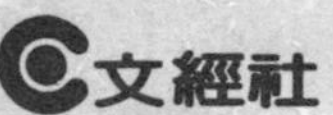
文經社

文經社

文經社